KB206531

또
하나의
눈

또 하나의 눈

《낮은 데로 임하소서》
안요한 목사 칼럼

시간의숲

건강할 때의 손해,
앞 못 볼 때의 유익

이 책을 여는 이들에게 하나님의 크신 복과 평강이 함께하시기를 기원합니다.

목사의 가정에서 자라면서 가난한 환경으로 어려움을 겪으며 하나님이 없다고 반항하던 죄인의 괴수가 예수를 믿어 용서받고 하나님의 부르심을 받아 낮은 곳에 있는 형제자매들과 함께하는 새빛 사역을 시작한 지 어느덧 42년이 되었습니다. 그리고 저의 회심과 초기 사역 이야기는 고(故) 이청준 선생이 쓴 《낮은 데로 임하소서》라는 장편소설로 출간되었고 이장호 감독이 영화화하면서 세상에 알려진 지 40년에 이르렀습니다. 시간이 흐르면서 《낮은 데로 임하소서》 그 이후가 어떻게 되었는지 궁금하다고 하시는 분들이 많이 있어서 2010년 6월에 《낮은 데로 임하소서, 그 이후》를 출간하였고 또 10여 년이 지난 오늘 한 권의 책을 세상에 내놓게 되었습니다.

이 책은 오랜 친구인 시인 박이도 장로(전 경희대 교수)와 제 사역에 대한 이야기를 나누던 중에 기독교방송(CBS)과 극동방송에서 신앙 상담, 5분 칼럼을 수년간 진행해 왔다는 저의 이야기에 친구가 그 내용들을 모아서 책으로 출간하는 것이 어떠한가 제안이 있어서 시작되었습니다. 그러나 앞이 깜깜하고 글도 모르고 책도 못 보고 정보 처리 능력이 전혀 없는 사람이 어떻게 글을 쓰고 이 원고들이 은혜가 되겠는가 말하니, 그러기에 눈으로 세상을 보는 사람들에게 더더욱 은혜와 도전이 될 것이라고 하여 "이것이 하나님이 주시는 마음입니까?" 거듭 물어보고 난 이후, 녹음기를 잡게 되었습니다. 많이 부족하지만 실명 후에 하나님이 주신 '또 하나의 눈'으로 경험한 영적 고백들을 담아 보려고 노력했습니다.

책을 출간하기까지 부족한 종을 불러 주시고, 새빛 사역을 인도해 주신 하나님께 영광을 돌립니다. 거칠기 그지없는 구술 원고를 꼼꼼하게 살피고, 빠진 부분과 애매한 부분을 바로 잡으면서 윤문 작업을 해주신 시인 박이도 장로께도 감사드립니다. 시인 박이도 장로는 제가 실명하기 전 대학 시절, 용산구 청파동에 위치한 지방 목회자 자녀가 생활하도록 세워진 칼빈학사 생활관에서 같이 울고 같이 웃으며 인생 이야기를 나누던 친구입니다.

손질한 원고를 제가 다시 듣고 검토하며 수정할 수 있

도록 반복해서 녹음 파일로 옮기는 작업을 맡아 자료를 정리해 준 새빛선교회 사무실의 여러 동역자들께도 감사 드립니다. 무엇보다도 최초로 《낮은 데로 임하소서》를 출간하여 부족한 죄인을 세상에 알려주신 홍성사 이재철 목사께 깊은 감사를 드립니다. 또한 늘 새빛 사역을 돌보아 주시고 힘을 주고 계신 유관지 목사님(북한교회연구원 원장)과 부족한 종에게 언제나 신앙적인 도전을 주고 새빛 해외 선교를 후원하고 계신 레베카김(Dr. Rebekah Kim, 미 하버드대학교 교목) 박사께 깊은 감사를 드립니다.

바라기는 이 책이 하나님께 영광이 되고 낮은 곳의 형제들 그리고 믿음의 이웃들에게 유익이 되기를 간구합니다. 떨리고 감사한 마음으로 세상에 내놓습니다.

2020년 1월
'또 하나의 눈'으로
하나님께 순종하며 살아가기를 원하는
안요한 목사

선지자 안요한 목사 이야기
- 새빛맹인선교회 42주년을 맞아

올해는 새빛맹인선교회 창립 42주년
새빛낮은예술단의 정기음악회가 열리는 잔칫날이다

나의 친구 안요한 목사
언젠가 나는 너의 실명 소식을 전해 듣고
칼빈학사[1] 시절의 요한을 떠올렸다
20대 초반 우리들의 세상은 밝고 투명했지
미소 짓고, 수시로 변하는 얼굴 표정 하나하나
다정다감했던 그 시절의 네가 새삼스레 떠올랐다

37세에 실명하게 된 요한,
하나님께서 불러 세운 선지자 안요한 목사
"~내가 실명한 것은 타락해 가는 나를 하나님께서
새로이 세우기 위함이었습니다"[2]
그의 신앙고백이다

맹인선교회 사역 4개 성상
비바람 속에 악전고투하는 의로운 세월이었네
하나님께서 주신 성령에 따라

세계 모든 나라에 복음을 선포하는 용맹한 선지자

오늘은 시각 장애인들의 잔칫날
온갖 악기를 들고 하나님을 경배하고
천사의 목소리로 찬양하는 여러분
이 한자리에 모여 성령 충만함에
십자가의 구원을, 사랑의 눈물을 흘린다.

시인 박이도

(전 경희대학교 교수)

---

1 용산구 청파동 소재. 지방 목회자 자녀를 위한 기숙사
2 "~하나님이 하시는 일을 나타내고자 하심이라"(요 9:3)

참 빛이신
그리스도를 만난 변화

2018년 7월 17일 제헌절에 세종문화회관 소강당에서 아주 특별한 행사가 있었습니다. 새빛맹인선교회 창립 40주년 기념음악회로, 특별한 그 자리에는 서울과 대구에 있는 우리 교회의 교역자 합창단과 필라델피아 교향악단 바이올리니스트인 제 사위가 찬조 출연하고 저는 축사를 하게 되어 영광이었습니다. 500여 명이 들어찬 강당에서 저는 이러한 축하의 말을 했습니다.

"저는 40년 전에 안요한 목사님을 미국 로스앤젤레스에서 처음 뵙고 간증 설교를 들으며 큰 감동을 받았습니다. 그 후 남편과 함께 북가주 버클리에 올라가 교회를 개척하고 또 미 동부 하버드대학교 앞에 교회를 세워서 지금까지 30여 년 동안 매년 여름 대학생 선교단을 이끌고 새빛맹인선교회를 방문하여 교제를 나누고 있습니다. 안요한 목사님을 비롯하여 시각 장애인 형제자매들을 통해 제가 깨달은 아주 간단하고도 심오한 신학이 있습니다. 즉 많은 사람들이 '하나님을 보여 주면 믿겠다'라고 말합니다. 과연 그럴까요? 하나님을 '봄으로' 믿을 수 있다면 우리 하나님은 얼마나 불공평하신 분입니까? 하나님을 육안으로 보아야만 믿을 수 있다면 태어날 때부터 시각 장애인이거나 중도 실명하신 분들은 어떻게 하나님을 믿을 수 있겠습니까? 그러나 성경 전체가 선포하는 말씀은 '하나님은 인자가 끝이 없으시고 공평하시다'입니다. 그렇습니다. 하나님은 공평하십니다. 그래서 하나님은 안 보이시는 분이시고, 또 안 보이셔야 합니다! 이와 같이 저에게 늘 영감과 도전을 주시는 새빛맹인선교회 안요한 목사님과 시각 장애인 형제자매들로 인해 주님께 무한한 감사를 드리며, 주님 다시 오시는 그날까지, 또한 주님 앞에 서는 날까지 '오직 예수'의 삶을 사시는 여러분과 제가 되기를 예수님 이름으로 축원합니다."

제가 지난 40년 동안 만나온 안요한 목사님은 '말씀이 육신이 되어 오신' 우리 주 예수 그리스도를 본받아 사시면서, 작은 예수가 되셔서 그 삶 전체로 말씀을 전하는 분이십니다. 이번에 이와 같이 귀한 주의 말씀을 담은 칼럼을 펴내게 되셔서 직접 목사님 말씀을 들을 기회가 없는 사람들에게 글로 전할 수 있게 되어 기쁩니다. 이 귀한 책이 절망에 빠진 많은 사람들에게 영생이시요, 참 빛이신 주 예수 그리스도를 만나는 순간이 되기를, 그리고 믿는 자들은 모두 안요한 목사님처럼 주님을 사랑하고 이웃을 사랑하는 데 온 생애를 바치며 천성을 향해 매일 경주하게 되기를 간절히 기도합니다.

2020년 1월
눈 덮인 하버드대학교 교정에서
레베카김(Rebekah Kim) 교목

차례

제1부

제2부

"예수께서 대답하시되
이 사람이나 그 부모의 죄로 인한 것이 아니라
그에게서 하나님이 하시는 일을 나타내고자 하심이라"
(우리가 실명한 것은 하나님 영광을 나타내려 함이라.)

요한복음 9장 3절

제1부

어서
돌아오오

　지금도 가정의 달인 5월이 오면 선친의 기도를 가슴 깊이 새기고 새로운 목회를 준비하며 시작한다.

　시간적 여유를 갖고 집회할 때에는 간증을 구체적으로 표현할 수 있지만 한 시간 정도 집회일 때는 표현을 충분히 하지 못하다 보니 종종 오해가 생길 때가 있었다. 오해하는 대부분 내용이 왜 목사 가정에서 아들이 시각 장애인이 되어 버림받고 방황할 때 돌보지 않았는지 이해할 수 없다는 것이었다.

　내가 시각 장애인이 되었을 때에는 이미 결혼하고 독립하여 한 가정의 가장으로서 30대 후반이었다. 실명 후 힘들었을 때 왜 부모님이 떠오르지 않았겠는가. 입술을 깨물며 참았다. 당시 선친께서는 인천 해변가 마을에 교회를 개척하셨다. 그 마을은 대부분 미신을 믿는 사람들이었고 특히 무당이 많았다. 어떻게 목사 아들이 시각 장애인이 될 수 있느냐, 다른 사람을 위해 기도해 주는 사람이 아들의 눈은 고쳐주지 못하느냐는 등의 소문이 동네에 파다했다. 그래서 선친이 목회하시는데 많은 어려움이 있었다. 내 생각에 부모님께 내가 해드릴 수 있는 마지막 효도는 부모님 앞에 나타나지 않는 것이었다.

하나님 은혜로 신학대학 입학 허가서를 받았을 때에 이 기쁜 소식을 맨 먼저 부모님께 알려드리고 싶었다. 따라서 눈보라 치는 밤에 수많은 어려운 고비를 넘기면서 부모님을 찾아갈 수 있었다. 문 앞에서 "어머니!" 큰 소리로 외쳤다. 그런데 대문과 방문이 모두 열려 있었다. 어머니는 놀라지도 않으시고 "왔냐? 얼마나 춥냐?" 하시며 저를 부둥켜안고 방 안으로 데리고 들어가셨다. 어머니는 아랫목을 따뜻하게 데워 놓으시고 제가 좋아하는 음식을 한 상 가득히 차려놓고 기다리고 계셨다. 얼었던 몸과 마음이 따뜻한 이불 속에서 녹아내리니 일 년여 동안 쌓이고 쌓였던 눈물이 폭포수처럼 쏟아져 내렸다. 어머니는 내 눈물을 닦아 주시며 "이제 좀 녹았느냐" 하시며 준비해 놓은 밥상을 제 앞에 놓아 주셨다. 그 맛있는 쌀밥, 김, 감자 등, 아! 정말 눈물과 함께 그 밥을 말아 먹었다. 이 모습을 보신 어머니는 그제야 실감 되시는지

목을 놓아 통곡하셨다.

나는 어머니를 부둥켜안고 밤이 깊도록 울고 또 울었다. 귀가하신 선친께서 "아들아! 잘 왔다 기도하자" 하시며 머리에 손을 얹으시더니 "하나님 감사합니다. 하나님이 없다고 하던 아들이 하나님이 계시다고 하니 용서하여 주옵소서. 목사가 안 되겠다던 아들이 목사가 되겠다고 신학교 입학 허가서를 가지고 오니 하나님 사용하여 주옵소서. 사랑하는 아들이 육신의 눈을 잃었으나 영의 눈이 밝히 떠서 천국을 사모하며 사는 복음의 아들이 되게 하소서. 아멘" 하고 기도하셨다.

'아버님, 어머님 감사합니다. 이 아들이 돌아왔습니다.'

'어서 돌아오오. 어서 돌아만 오오. 우리 주는 날마다 기다리신다오. 밤마다 문 열어 놓고 마음 졸이시며, 나간 자식 돌아오기만 밤새 기다리신다오.'

모든 것을
하나님의 방법으로

성경 주석가 버클레이는 "나의 두뇌에 하나님의 전능하심과 능력을 감금하여 제한하지 말고 오히려 하나님의 두뇌에 나를 복종시킬 때 우리는 완전히 하나님의 방법 안으로 들어가서 살아갈 수 있다"라고 했다.

어느 날 친분 있는 장로님과 대화하던 중에 그분이 이런 말을 하셨다. "목사님! 제가 요즘 이렇게 기도하는데 하나님 앞에 옳은 방법인가요?"

"어떻게 하셨는데요?"

"아침에 기상 후 그날 계획을 놓고, 주님! 모든 것이 순전하게 이루어지도록 도와주시옵소서".

"네, 좋은 기도인데요, 이렇게 해보시면 어떨까요? 기상 후 그날의 계획안을 놓고, 모든 것이 가능하신 하나님! 제가 오늘 누구를 만나서 나누는 대화 중에도 믿음의 지혜를 주셔서 좋은 대화가 되도록 간섭하여 주시고, 선한 손길로 인도하여 주셔서 좋은 만남이 되게 하여 주시고, 이슬비 같은 축복으로 오늘의 계획을 잘 다듬어 주시옵소서! 전능하신 하나님께 모든 계획을 의탁하오니 하나님의 방법으로 이루어지기를 바랍니다."

얼마 후 뵙게 된 장로님은 모든 것을 하나님의 방법으로 의탁하는 기도생활을 한 후 사업이 순조로워졌을 뿐 아니라 자신의 그런 신앙생활로 하나님의 놀라운 은혜를 체험하게 되었다며 기쁨을 감추지 못하셨다.

장암으로 고생했던 집사님의 간증을 들었다. 절망에 빠진 집사님은 암의 첫째 요인인 스트레스를 받게 된 원인을 돌이켜 보던 중 목사님의 설교 가운데 감사하면 병도 낫게 된다는 말씀에 은혜를 받고 감사의 약을 먹기로 작정했단다. 그때부터 하루에 세 번씩, 즉 아침 식사 기도 때 환부를 쓰다듬으면서 감사기도, 점심 식사 기도 때도 감사 기도, 저녁 식사 기도때도 똑같은 감사 기도를 3개월 동안 했는데 하나님께서 놀라운 체험을 허락해 주셨단다.

나 역시 감사 약을 하루에 세 번씩 매일 복용한다. 그 열매인지 만나는 분들이 나이보다 젊고 건강해 보인다고 이구동성이다. 좋은 약은 권한다고 했다. 따라서 나는 만나는 모든 분들께 내가 복용하는 감사 약을 권한다. 마음이 은혜로 충만하고 진리의 말씀 안에서 참 평강을 얻은 사람만 기쁨으로 범사에 감사하며(엡 5:20) 축복의 문을 연다.

감사의 계절이다. 우리 모두 하나님의 방법 안에 들어가서 좋은 기도생활, 좋은 믿음생활로 온전한 삶을 살자. 아울러 기도로써 하나님과 교통함으로 하나님의 감추어진 비밀을 캐내어 풍성한 열매를 맺는 모두가 되기를 바란다.

시험,
이겨야 한다

어느 집회 기간 중에 성도 한 분이 나를 찾아오셨다.

"목사님, 기도 좀 해주세요. 저희 가정에 엄청난 어려움이 생겼어요, 이 고난만 넘어가면 괜찮을 것 같아요, 이번 시련이 고비입니다…."

"성도님 기도는 해드리겠지만 이번 어려움이 넘어간다고 해서 다음에 고난이 없는 것은 아닙니다. 예를 들면 우리나라에 태풍이 옵니다. 강태풍이지만 준비를 잘해서 위기를 넘겼습니다. 그러면 이것으로 끝난 것입니까? 매년 10여 차례 태풍이 지나가는데 그때마다 전전긍긍하면서 피할 수는 없습니다. 태풍은 피하는 것이 아니고 이겨 나갈 준비를 하면서 살아야 합니다."

상담을 하다 보면 '이번 고난은 그냥 당하지 않도록…, 이번 시련은 그냥 지나가도록…, 이런 환난은 내게 오지 않도록…' 등의 내용으로 기도 요청을 받는다. 그러나 우리 삶은 고난과 시련과 환난이 계속적으로 찾아온다. 이때마다 "어찌하여 내게…. 예수 믿고 교회도 잘 나가고, 봉사도 많이 하고, 기도도 많이 하고, 헌금도 잘하고 나름대로 신앙생활을 잘하려고 애썼는데 그렇지 않은 사람과 똑같이 어려움, 고난, 시련이 닥쳐오다니. 어찌하여 그렇습니까"라고 원망도 한다. 하나님은 안 계신 것 같고 나를 미워하시는 것같이 느껴질 때, 좌절하거나 절망하지 말고 전능하신 하나님께 구체적으로 기도하기를 바란다.

이 세상은 늘 어려움과 환난과 시련이 있다. 성경은 "세상에서는 너희가 환난을 당하나 담대하라 내가 세상을 이기었노라"(요 16:33)라고 말씀하신다. 하나님은 우리가 믿음의 능력으로 우리에게 오는 환난을 이겨 나가기 원하신다. 하나님은 시험을 피하게 해주시는 분이 아니라 시험을 이기도록 믿음의 능력을 주신다. 시련과 환난을 통한 연단은 순금이 된다. "…이기는 승리는 이것이니 우리의 믿음이라"(요일 5:4), "…그가 나를 단련하신 후에는 내가 순금같이 되어 나오리라"(욥 23:10). 우리가 어떤 일을 당할 때 한 부분만 보면 시험이 되지만 하나님 섭리 안에서 총체적으로 보면 연단을 통하여 순전하고 겸손해진 우리를 크게 사용하시고자 하는 하나님 뜻과 새로운 축복이 있음을 알게 되며 영적으로 성장하게 된다.

요즘 경제적으로 너 나 할 것 없이 많이 어렵다. 사업도 안 되고 또 날씨까지 더워지거나 추워지면 신경도 예민해진다. 눈앞에 닥치는 어려운 일이 많을수록 믿음의 지혜로 대처해 나가야 한다. 예수님께서 시험을 이기신 것처럼 우리도 주님을 본받아 시험을 이기는 믿음의 용기와 지혜를 가져야 한다. 예수님의 제자 된 삶을 살아감으로써 그 어떤 환경에서도 믿음으로 고난을 이겨낸 보상으로 받는 순금처럼 찬란한 빛을 잃지 않는 우리 모두가 되기를 바란다.

제2 인생

하나님은 때로 우리 인생 여정의 길을 우리가 이해할 수 없는 방법으로 조정하실 때가 있다. 그때 우리는 원망이나 좌절보다 하나님 뜻을 간구하는 지혜로운 자리에 설 수 있는 사람이 되어야 한다. 왜냐하면 바로 그때가 하나님이 우리 삶을 간섭하시고 다시 조정하시는 새로운 시작 시점이 되기 때문이다.

교사의 꿈을 키우던 한 여인이 있었다. 그 여인은 인생의 황금기인 24세 때 폐결핵을 시작으로 해서 척추카리에스, 직장암, 파킨슨병 등의 병마와 싸우게 되었다. 그녀는 절망의 늪에서 예수님을 만난 후 병자에서 전도자로 변하였다. 하나님이 그녀의 삶을 다시 조정하였다. 《빙점》을 쓴 일본 최고의 작가 미우라 아야코. 그녀는 '질병으로 잃은 것은 건강뿐이고 대신 신앙과 새 생명을 얻었으며, 인생의 의미는 쌓아온 공적이 아니라 함께 나누었던 삶'이라고 고백했다.

책상 위에 지구본을 놓고 외교관이 되고 싶다는 꿈을 키우던 한 소년이 있었다. 그 꿈이 이루어지기 시작할 무렵 예상하지 못했던 실명이라는 장벽이 그의 앞길을 가로 막았다. 절체절명의 순간에서 예수님을 만난 그 역시 하나님이 그의 삶을 다시 조정하기 시작했다. 다른 사람의 도움 없이 한 발자국도 움직일 수 없었던 그를 주님은 30여 년 간 세계 각국을 돌아다니며 복음을 전하는 증인으로 살게 하셨다. '건강할 때의 손해와 앞 못 볼 때의 유익'(수 1:5~9)이 그의 삶에 있어 증거가 되었다. 부족한 작은 종의 고백이다.

지금 이 순간도 하나님은 우리 삶을 다시 조정하고 계신다. 비록 그 과정이 힘들고 어려울지라도 좌절하지 말고 지혜롭게 하나님 앞으로 나아가자. 놀라우신 계획하심으로 우리 삶을 인도하시기 위하여 하나님은 오늘도 일하고 계신다.

믿음은
비전이다

'창공을 쏘아보는 젊은 희망과 대지를 디디고 선 불굴의 발길…'

천고마비의 계절인 9월이 오면 나에게 불현듯 상기되는 노래다. 이 노래는 내가 졸업한 대전고등학교 교가다. 나는 지금 인생의 마루턱에 서 있지만 아직도 내 가슴속에는 젊은 날의 꿈과 비전이 있다. 저 창공 속의 젊은 꿈과 비전이 아닌 하나님 영광을 나타낼 꿈과 비전을 품고, 하나하나 그려 본다.

꿈은 크고 비전은 깊고 넓어야 하고 가치 기준은 높아야 한다. 한 노인이 강에서 낚시를 하고 있었다. 월척을 낚았는데 노인은 준비한 줄자로 재어 보더니 실망한 표정으로 물고기를 놓아 준다. 그는 다시 낚싯대를 물속에 던졌다. 이번에는 크지 않은 물고기를 낚았다. 노인은 물고기를 줄자로 재어 보더니 만족하다는 듯이 빙그레 웃음을 띠며 통 속에 집어넣는다.

옆에서 지켜보던 한 젊은이가 놀라서 "할아버지, 왜 큰 물고기는 놓아 주고, 작은 물고기에 더 만족해 하시는지 이해할 수 없군요"라고 하자 노인은 "당연히 이해할 수 없지, 나는 튀김용 물고기를 잡으러 나왔는데, 우리 집 프라이팬이 12인치니 그 이상 되는 물고기는 필요 없지…"라고 하였다.

그렇다! 이 노인의 가치 기준은 12인치다. 그에게는 큰 꿈과 비전도 없고 큰 일을 주어도 감당하지 않으려고 한다. 우리는 하나님의 영광을 위하여 좀 더 큰 꿈과 비전을 품어야 한다. 에스터라는 사람은 "나는 종달새의 알을 보고 이미 나뭇가지 위에 앉아 우는 종달새의 모습을 그려 본다"고 했다. 성경은 "믿음은 바라는 것들의 실상이요 보이지 않는 것들의 증거니 선진들이 이로써 증거를 얻었느니라"(히 11:1~2)라고 말씀하고 있다. 비록 현실적으로 나의 꿈과 비전이 이루어지지 않고 있어도 우리가 원하는 바를 기도와 간구하며 지속적으로 하나님께 나아가면 이른비와 늦은비를 적당한 때에 내려주시는 하나님이 우리에게 가장 필요한 때에 바라는 것을 이루게 하신다. 믿음은 생각도 묵상도 상상도 아니고, 현실이며 꿈이며 비전이다.

나는 기도한다. "이 청명한 가을 하늘 위에 하나님의 영광을 나타내는 꿈과 비전을 그려 보면서 하나님 뜻에 맞추어 주옵소서. 우리의 삶을 조정하여 주소서. 그리하여 어떤 환경에 처해도 무슨 일을 만나도 헤쳐 나갈 수 있는 지혜와 선하신 손길로 인도하여 주시기를 소원하며 간구합니다."

인도하신
섭리

1975년 봄, 신학교 면접시험 때 담당 교수께서 질문하셨다. "눈이 불편하신데 어렵게 신학 공부를 하여 어떤 일들을 하려고 하십니까?" 나는 전혀 예상하지 못한 답변을 했던 일이 기억난다. 미리 준비한 대답 대신 "앞으로 맹인 양로원을 하려고 합니다"라고 답했다.

30여 년이 지난 오늘, 나의 사역을 돌이켜보면 성령께서 나의 입술로 고백하게 하셨던 '시각 장애인들의 양로원'을 향한 준비 과정이었다고 생각된다.

나는 신학교 졸업 후 하나님이 맡기신 첫 사역인 불우 청소년을 위한 야간 학교를 시작하였다. 이어서 빛을 잃고 방황하는 시각 장애인들과 함께 예배드리는 새빛맹인교회, 재활과 생활 보호가 필요한 시각 장애인을 위한 새빛맹인재활원, 그리고 재활이 불가능한 연로하신 시각 장애인들을 위한 새빛요한의집으로 한 발 한 발 하나님이 인도하여 주셨다.

시각 장애인을 위한 양로 시설을 향한 길은 결코 순탄하지 않았다. 넉넉하지 못한 살림 중에 마련한 건축 기금에 대한 오해, 건축 부지 주민들의 반대로 인한 법정 싸움, 주민들의 반대 시위 위협에서 드려야 했던 착공 예배, 건축 시공 업체의 부실 공사로 인한 불화 등, 포기하고 싶기만 했던 힘들고 긴 여정은 하나님의 복의 통로가 되었으며 나의 사명감을 더욱 불타게 하였다.

하나님의 은혜와 많은 후원자들의 사랑의 결정체인 '새빛요한의집'은 연로하신 시각 장애인들이 하나님 나라에 들어가기 위한 날까지 이 땅에서 안식처가될 것이다. 우리가 함께 낮은 곳에 임하신 하나님 사랑을 실천하는 사역을 감당한다면 하나님을 영광스럽게 하는 일이 될 것이라고 믿는다.

"기록된 바 하나님이 자기를 사랑하는 자들을 위하여 예비하신 모든 것은 눈으로 보지 못하고 귀로 듣지 못하고 사람의 마음으로 생각하지도 못하였다 함과 같으니라"(고전 2:9).

저 맹인 되기를
잘했지요

내가 사역하는 새빛맹인교회 성도들에게 가장 힘든 성경 말씀 중 하나는 '우리가 실명한 것은 하나님의 일을 나타내고자 함이라'(요 9:3 참조)이다. 왜 하나님은 건강한 사람한테 영광을 받으시지 우리 맹인들한테까지 영광을 받으시려고 하시는지…. 익살로 불평을 대신하는 새빛 가족들.

실명 후 목사가 되어 새빛맹인교회를 설립한 지 얼마 되지 않았을 때 일이다. 필수적인 지출을 충당하기 위해 기업체, 사회단체에 '사람은 이렇게 살아야 한다'는 내용으로 강연을 다녔다. 그러던 중에 당시에 돌보아 주는 사람 없이 무리하다 보니 피곤이 누적되어 쓰러지게 되었다. 사무실 한구석에서 치료를 받고 있던 중 한 젊은이가 찾아와서 나의 손을 붙잡고 "목사님 때문에 제가 살았어요, 제 생명의 은인입니다"라고 고백했다.

그분은 서울에서 학원을 경영했는데 교통사고로 두 다리를 많이 다쳐서 오랜 투병생활을 했단다. 처음에는 부인이 곁에서 돌보아 주었는데 세월이 길어지니까 병원에 오지를 않아 이상한 예감에 집에 가보니 두 딸과 부인이 없더란다. 수소문해 보니 이미 다른 사람과 새살림을 차렸던 것이었다. 그는 배신감으로 세상에 환멸을 느껴 죽기를 결심하고 여러 약국을 다니면서 수면제를 한 알 두 알 모아 적정량이 되었다. 약국에 쌓여 있던 신문지 한 장을 찢어서 사서 모은 수면제를 싸가지고 집으로 가서 약을 먹으려고 신문지를 펴는데 "맹인이 맹인 돕다 쓰러지다"라는 나에 대한 신문 기사를 보게 되었다. 그분은 쓰러졌다는 말에 공감되어 이분은 왜 쓰러졌나 궁금하여 기사를 읽던 중에 '하나님을 만나면 이렇게 변화된 삶을 살 수 있구나' 하는 깨달음과 함께 자신이 부끄러워졌다고 했다. '나도 살아야겠다' 하는 마음에 그는 약 보따리를 집어던지고 나를 찾아왔던 것이었다.

　그분의 고백을 들으면서 나 또한 많은 깨달음이 있었다. 내가 맹인이 안 되었다면 목사도 안 되었고 쓰러지지도 않았고 신문에 실리지도 않았을 것이다. 그리고 이분이 그 신문 기사를 읽지 못했더라면 약을 먹었을 것이다. 내가 맹인이 되므로 하나님이 주신 귀한 한 생명을 살리게 되었다. 참으로 하나님 은혜에 감사했다.

4월은 장애인의 달이다. 이웃에 있는 장애인들을 생각하시면서 "하나님이 하시고자 하는 일을 나타내려 함이라"라는 말씀을 통하여 하나님의 간절하신 뜻을 깨달으시기 바란다.

새 시작의 전환점,
예수

토마스 왓슨은 "물질을 잃은 것은 잃은 것이 아니다. 모든 것을 주신 하나님이 다시 주시면 되기 때문이다. 육신의 생명을 잃은 것은 조금 잃은 것이다. 우리에게는 영생이 있기 때문이다. 그러나 하나님을 잃으면 모든 것을 다 잃게 된다. 반면에 하나님과의 관계가 회복되면 모든 것은 다 회복되는 것이다"라고 말했다. 아담이 하나님을 거역한 불순종으로 시작하여 잘못된 모든 것들이 복음의 시작이신 예수 그리스도를 기점으로 하여 잘못된 모든 것이 청산되고 새로운 시작이 되었다.

1980년도에 《낮은 데로 임하소서》가 출판된 후 나는 하나님 은혜 가운데 살아왔다. 어린 시절에 나는 가난한 목회자의 아들로 자라면서 8개 중학교를 다녔다. 개척교회 목회자이셨던 아버지를 따라서 여러 지방으로 이사 다니는 것도 모자라 하숙, 자취, 교회

또 하나의 눈

부속 건물, 친구 집 등에서 거처하며 방랑생활을 했다. 그때 유행하던 가요 중에 '…정처 없이 흘러만 가네…'라는 가사가 꼭 나의 삶을 노래하는 것 같아서 그 가요에 푹 빠져 하나님 없이 정처 없는 생활을 했다. 모든 것을 다 잃어버린 후에야 하나님이 살아 계심을 깨닫고 정처 있는 새 삶을 시작하게 되었다. 하나님과 관계가 회복되니 잃었던 모든 것을 더 좋은 것으로 채워 주셨다.

하나님 은혜로 작은 종이 되어 부족하지만 오늘까지 사역할 수 있도록 새로운 시작의 전환점이 되어 주신 예수 그리스도! 예수님으로 인해서 내 자신이 누구인지 깨닫고 나서 30년의 새 삶을 내용으로 나는 《낮은 데로 임하소서, 그 이후》라는 제목으로 책을 발행하였었다.

몸은 허약하고 삶에 찌들어서 세상 중에 방황하던 한 청년이 있었다. 그는 친구 손에 이끌려 미저 여사의 마가복음 강의 첫 시간에 참석하게 되었다. "하나님의 아들 예수 그리스도의 복음의 시작이라"(막 1:1)라는 말씀에서 예수로 말미암아 인생이 변화되고 존재가 확인되고 예수님 은혜로 우리가 살아갈 수 있

게 된다는 것을 배우면서 청년은 많은 눈물로 회개
하였다.

그때 미저 여사가 그 청년을 향해 "오늘 성령이 당
신 안에 들어가서 당신의 인생을 새롭게 만들어 가고
있습니다. 앞으로 전 세계를 다니면서 크게 쓰임 받
는 큰 종이 될 것입니다"라고 말해 주셨다. 그 청년이
바로 빌리 그레이엄 목사이다.

하나님이 회복시키시면 모든 것이 회복된다. 하나
님 안에서 새로운 인생을 만들어 가심을 믿고 정처
없는 삶이 아니라 정처 있는 삶! 즉 영원한 천국 소망
을 갖고 오늘도 승리하기 바란다. 진리를 모르는 내
이웃을 위하여 빌리 그레이엄 목사님처럼 영혼 구원
사역에 쓰임 받는 여러분이 되기를 소원한다.

내일 일을 위하여
염려하지 말라

성경에 보면 "내일 일을 위하여 염려하지 말라 내일 일은 내일이 염려할 것이요 한 날의 괴로움은 그날로 족하니라"(마 6:34), "참새 두 마리가 한 앗사리온에 팔리지 않느냐 그러나 너희 아버지께서 허락하지 아니하시면 그 하나도 땅에 떨어지지 아니하리라"(마 10:29~33), "참새 다섯 마리가 두 앗사리온에 팔리는 것이 아니냐"(눅 12:6~7)라고 하였다. 계산적으로 보면 두 마리가 한 앗사리온이니 다섯 마리면 2.5 앗사리온이 되어야 하는데 두 앗사리온에 참새 다섯 마리가 팔렸다면 한 마리는 무엇이겠는가? 그건 그냥 끼워준 것이다. 덤으로 가지라고 준 것이다. 그 덤으로 끼워준 그것조차도 하나님이 허락하시지 않으면 땅에 떨어지지 않는다고 하셨다.

예수님은 "누구든지 사람 앞에서 나를 시인하면 나도 하늘에 계신 내 아버지 앞에서 그를 시인할 것이요. 누구든지 사람 앞에서 나를 부인하면 나도 하늘에 계신 내 아버지 앞에서 그를 부인하리라"(마 10:32~33)라고 하여 사람에 대한 사랑을 분명하게 말씀해 주셨다. 계속해서 "공중 나는 새를 보라, 들의 백합화를 보라, 공중 나는 새도 하늘 아버지께서 기르시고 들의 백합화도 하늘 아버지께서 다 자라게 하시는데 너희들이 새보다 들의 백합보다 얼마나 귀하냐? 구하면서 굶어 죽은 자가 있더냐? 구하면서 헐벗은 자가 있더냐?"라고 말씀하셨다. 우리는 이 지극한 주님의 사랑 앞에 하나님께 영광 돌리며 살 수밖에 없다.

부족한 나는 끼워 팔려 온 참새 같은 인생이었다. 37세에 실명하여 길거리에 내던져졌을 때 하나님께서 공중 나는 새처럼 먹이시고 들의 백합화처럼 입히셔서 추운 동절에도 굶어죽거나 얼어죽지 않게 내 삶을 하나님이 계획하신 대로 인도해 주셨다. "지나온 모든 세월들 돌아보아도 그 어느 것 하나 주의 손길 안 미친 것 전혀 없네. 오 신실하신 주 오 신실하신 주. 내 너를 떠나지도 않으리라. 내 너를 버리지도 않으리라. 약속하셨던 주님 그 약속을 지키사 이후로도 영원토록 나를 지키시리라 확신하네." 내가 늘 부르는 찬송이다. 물이 높은 데서 낮은 데로 흐르는 것 같이 하나님이 예정하신 뜻을 향해서 우리 삶을 계획 안에서 인도하고 계심을 믿으시기 바란다.

내일 일을 위하여 염려하지 말자. 염려는 히브리어로 '키드신'이라고 한다. 이 '키드신'은 영어로 풀이하면 'separated from, divide into'를 의미한다. 자꾸 염려하고 걱정하면 하나님과 나 사이가 갈라지고 목사와 성도 사이가 갈라지고 성도끼리 갈라지고 가정이 갈라지고 친구가 갈라지고 불화를 일으킨다. 이는 사탄이 아주 좋아하는 것 아닌가? 성경에도 365번이나 염려하지 말라고 하셨다. 내일 일을 염려하지 말고 주님께 맡기고 소망을 주시는 예수님을 바라보며 승리하시는 복된 믿음의 우리 모두가 되기를 소원한다.

고난에 맞서는
믿음

"이것을 너희에게 이르는 것은 너희로 내 안에서 평안을 누리게 하려 함이라 세상에서는 너희가 환난을 당하나 담대하라 내가 세상을 이기었노라"(요 16:33).

우리는 세상을 살아가면서 여러 모습의 고난과 시련을 당한다. 이것을 하나님의 섭리나 경륜 안에서 들여다보면 연단일 뿐이다. 하나님은 때때로 연단이라는 과정으로 우리를 다듬어 주시고 새롭게 쓰신다. 세상 사람들에게는 고난이나 시련이 멸망이겠지만 하나님 자녀에게는 연단이다. 비록 인생의 밑바닥까지 내려갔을지라도 말씀만 붙들면 다시 일어난다. 말씀 자체가 하나님이 함께하신다는 것이기 때문이다. 연단이 끝나면 하나님의 능력의 일꾼이 되는 축복이 주어지게 된다. 이것이 세상이 알지 못하는 하나님의 비밀의 경륜이다.

예수님이 십자가를 지실 때 제자들은 두려움에 주님을 혼자 버려두고 모두 도망했다. 예수님은 오직 하나님의 사랑의 힘으로 십자가의 고난을 이기셨다. 우리도 마찬가지다. 도와주거나 위로해 주는 이 하나도 없이 마치 외딴 섬에 혼자 버려진 것 같은 상황에 처하여 고통을 당할 때 예수님은 내가 세상을 이기었으니 담대하라고 말씀한다. 우리도 예수님처럼 하나님을 바라볼 때 우리와 함께하시는 하나님 사랑이 우리를 그 모든 고난과 시련 중에서 구원해 주신다.

하나님은 욥을 '나의 신실한 종'이라고 하신다. 욥이 가정과 물질, 건강과 명예를 모두 잃어버리고 고통당할 때 그의 아내마저 하나님을 욕하고 죽으라고 한다. 큰 시험에 빠진 욥은 결코 하나님을 원망하지 않고 "주신 이도 여호와시요 거두신 이도 여호와시오니 여호와의 이름이 찬송을 받으실지니이다"(욥 1:21)라고 고백한다. 고난과 시험은 피하는 것이 아니라 맞서서 이기는 것이다. 예를 들면 큰 산불이 났을 때 맞불 작전으로 진화 작업을 한다. 불끼리 부딪혀서 불길을 가라앉히는 것이다.

나는 고난이 오면 '고난아! 또 왔니? 바쁜데 나까지

찾아오느라 수고했다' 하고 고난을 삼켜 버리고 병아
리가 물 한 모금 쪼아 먹고 하늘 한 번 보듯이 하나님
을 바라본다. '하나님! 또 찾아온 이 고난을 이길 지
혜와 믿음을 주옵소서!' 간구하면 하나님께서 고난을
기쁨으로, 절망을 소망으로 바꿔 주시고 새로운 승리
의 복을 주신다.

여러분! 세상을 이기신 예수님의 지혜를 여러분의
지혜로 만드시고 우리를 죽기까지 사랑하신 예수님
을 의지하자. 오늘도 고난을 피하지 말고 믿음으로
이기기를 바란다.

건지시고 살리시는
하나님

성경을 보면 사도 바울은 "내가 의지하는 하나님, 나를 건지시는 하나님, 나를 살리시는 하나님"이라고 하나님에 대하여 고백한다. 사도 바울은 아시아에서 복음을 전하다 큰 핍박을 받았다. 특히 이방인에게 복음을 전한다는 이유로 환난을 당했는데 얼마나 심하게 박해를 받았던지 살 소망까지 끊어졌고 심지어 스스로 마음에 사형 선고를 받은 줄 알았다고 말한다.

바울은 절망적인 순간에 "내가 힘에 지나도록 고난을 받게 된 것은 나 자신을 의지하지 말고 하나님을 의지하라는 것이요", "내 마음에 사형 선고를 받은 것 같은 고통이 내게 있게 된 것은 나를 건지는 이는 오직 하나님뿐이심을 확인시키시려는 것이요", "살 소망까지 끊어진 것은 죽은 자를 살리시는 이는 오직 하나님 한 분이심을 체험하게 하심이었구나!"를 깨달았다.

사도 바울이 이방인에게 복음을 전할 수 있었던 것은 수많은 죽음의 고비에서 건져주시고 지켜주시고 위로해 주신 하나님을 의지했던 마음이었다.

여러분! 혹시 가정, 자녀. 사업, 직장 등의 문제로 절망 중에 있다면 사도 바울처럼 하나님을 의지하자. "… 아무 피조물도 우리를 우리 주 그리스도 예수 안에 있는 하나님의 사랑에서 끊을 수 없으리라"(롬 8:39)라는 우리를 향하신 하나님의 사랑이 우리를 건지시고 살리시고 위로하신다. 어제도 건져주셨고 오늘도 건져주시고 앞으로도 능히 건져주실 하나님은 우리가 받은 은혜를 고난과 고통 중에 있는 이웃에게 흘려보내기를 원하신다.

엘리야는 갈멜 산에서 450명의 바알 선지자를 물리치고 이세벨에게 쫓겨 광야로 도피할 때 낙심하여 로뎀 나무 아래 앉아서 하나님께 자신의 생명을 취해 달라고 간구한다. 하나님은 천사를 보내어 위로해 주시고 새로운 사명을 주셨다.

부족한 종도 37세에 실명하고 좌절하여 살 소망마저 끊어져 스스로 죽기를 원하며 수없이 기도했다. 하나님은 나 같은 죄인의 괴수 하나까지도 절체절명의 순간에 찾아와 주시고 위로해 주시고 살려주시고 새로운 사명을 주셨다. 이제 나는 삶의 의미를 회복하고 하나님 은혜로 작은 종의 모습으로 주신 사명을 감당하고 있다.

우리 모두 우리를 건지시고 위로하고 살리시는 하나님의 손에 붙잡혀 더욱 의미 있는 삶을 살자.

높, 자,
앞, 증

사도 바울은 내가 가장 사랑하고 존경하는 분이며 선배님이라고 부른다. 하나님 은혜로 지난봄 유럽 집회 중 사도 바울이 전도했던 그리스와 터키의 사역지를 돌아보았다.

사도 바울은 교회를 핍박하고 예수 믿는 사람들을 붙잡으러 가다가 부활의 주님을 만난 후 시력을 잃게 되었다. 바울은 불편한 시력 때문에 하나님께 여러 번 기도했겠지만 성경은 간절히 세 번 구했다고 말씀한다. 바울의 기도에 대한 응답은 '내 은혜가 네게 족하고, 내가 약한 그때에 강함이라'였다. 바울은 이 말씀을 들은 후 더 이상 눈을 고쳐달라는 기도를 하지 않았다. 때로는 불편한 시력으로 인해 안내자의 도움 없이 다닐 수 없었음에도 불구하고 동서남북을 종횡무진 다니면서 오직 하나님 뜻에 순종하고 복음을 전했다. 지금은 도로도 좋고 운송 수단도 다양하지만 당시에는 울창한 나무숲과 늪과 바위와 흙으로 덮인 산길을 걸어 다녔다.

사도 바울은 눈만 불편한 것이 아니라 그 시대에 주류를 이루던 자연주의자 영지주의자들의 많은 핍박과 방해, 유대주의자들의 비방과 오해로 인해 매 맞음과 감옥에 갇히는 등 극심한 환난을 당했음에도 "내가 수고하였으나…"라고 간단히 '수고'라는 한마디로 표현했다. 더하여 '나를 충성되이 여겨서 쓰신 하나님께 감사하노라'(딤전 1:12), '내가 감옥에 있으나 살든지 죽든지 내 몸에서 그리스도가 존귀하게 되기를 원하노니'(빌 1:20)라고 온전히 하나님을 높이고 예수님을 찬양하였다. 나는 사도 바울의 전도 사역지들을 답사하면서 많은 회개를 했다.

나는 37세에 실명하여 많은 어려움을 겪었지만 사도 바울의 수고에 비하면 그림자도 못 밟는 부끄러움을 느꼈다. 바울을 통해 순종을 배우게 되었고 복음의 열정을 보게 되었다. '내가 예수 그리스도와 그의 십자가에 못 박히신 것 외에는 아무것도 알지 않기로 작정했다'는 사도 바울! 그의 생애는 오직 예수님의 복음을 전하는 데 크게 쓰임 받는 일뿐이었다. 이러한 바울이 왜 '죄인의 괴수'라고 자신을 낮췄는가? 디모데전서 1장 13절에 보면 '내가 전에는 비방자요 박해자요 폭행자'라고 한때 예수를 핍박하고 교회를 괴롭혔던 일을 기억하면서 언제 어디서나 '나는 죄인의 괴수'라고 자신을 낮춤으로 하나님을 높이고 영광을 돌렸다.

사도 바울을 선배님으로 모실 수 있는 나의 삶의 기쁨과 영광을 크게 감사한다. 여러분의 생애가 사도 바울처럼 하나님을 높이고 하나님 나라를 자랑하고 하나님 앞에서만 생활하고 하나님을 증거하는 높, 자, 앞, 증의 믿음의 삶 되기를 소원한다.

소망을
오직 주님께!

비가 내린다. 계속해서 내린다. 가시나무에도, 감나무에도, 사과나무에도 내리고 있다. 그런데 가시나무는 비를 맞아서 자랄 수는 있지만 열매를 맺지 못한다. 그러나 감나무, 사과나무, 채소는 비를 맞으며 자랄 뿐만 아니라 열매도 맺는다.

우리의 신앙생활도 같은 맥락이다. 하나님의 똑같은 은혜 가운데 사는 자녀인데도 어떤 사람은 불안한 마음, 초조한 마음을 갖고 산다. 낙심하고 절망하고 때로는 자신을 죽음으로까지 몰고 간다. 사탄이 끼어들어서 열매를 맺지 못하게 되는 것이다. 그러나 오직 예수님께 소망을 두고 사는 사람은 소망의 열매를 맺는다. 접시에 있는 물이 접시가 기우는 방향으로 기울 듯 우리도 어떤 방향으로 기우느냐에 따라서 인생의 방향도 달라진다.

한 역사학자는 "역사상에는 사라진 백성과 살아남은 백성이 있다"라고 말했다. 어느 날 들은 뉴스다. 카드빚으로 고민하다 우울증이 걸린 20대 후반 가장이 어린 두 아들에게 수면제를 먹인 후 아이들을 한강에 떨어뜨렸다. 종로에서 노점상을 하는 할머니는 비록 가난하지만 그 마음에 주님을 향한 소망이 있어서 믿음으로 살면서 일곱 남매를 다 공부시키고 한 아들은 교수가 되었다고 한다. 삶이 힘든가? 환경이 나쁜가? 어디에 소망을 두느냐에 따라서 사라진 백성이 되든지 살아남은 백성이 되든지 한다.

해가 쨍쨍 비추는 대낮에 햇빛 아래 서 있어 보자. 해가 머리 위에 있을 때는 그림자가 없지만 해가 기울면 그림자가 생긴다. 우리가 주님을 향한 소망을 갖고 주님만 바라보고 살 때는 불안, 걱정, 근심이 사라지고 소망의 열매를 맺을 수 있다. 그러나 주님이 멀어질 때는 불안의 그림자가 생기고 초조하고 어려워진다. 믿음의 주요 온전케 하시는 예수님만 바라보자.

시각 장애인으로 몇 가지 일을 하다 보니 조금 힘이 들 때가 있다. 하는 일들이 어렵고 진행이 잘 안 될 때는 '안 하면 그만이지' 하는 나쁜 마음을 품을 때도 있다. 이럴 때 나를 일으켜 주시는 분이 있다. 바로 예수님이다. 물 위에 서서 "나니 두려워하지 말라"라고 말씀하신 예수님! 이 지구상에 그 누구도 물 위에 서 있을 수 있는 사람은 없다. 모두 다 물에 빠진다. 만왕의 왕, 만주의 주 예수님만 물 위에 서서 "나니 두려워하지 말라"라고 말씀하신다.

사랑하는 여러분도 그 음성을 들어보라. 그 부드러운 음성의 주님을 바라보라. 우리에게는 기쁨과 행복과 풍요함이 가득 찰 것이다. 오직 믿음의 주요 온전케 하시는 예수를 바라보며 승리하는 삶 되기를 바란다.

한밤중에
찬양하면 1

사도행전 16장 22절 이하를 보면 사도 바울은 하나님 뜻에 순종하여 실라와 빌립보에서 복음을 전하는데 폭도들이 옷을 벗기고 채찍질을 하고 햇빛이 전혀 들어오지 않는 지하 감옥에 던진다. 하나님께 순종하고 복음을 전한 결과는 이유도 없이 얻어맞고 발이 차꼬에 채인 채 깊은 감옥에 갇힌 것이었다. 이러한 상황에서도 바울과 실라는 하나님을 원망하지 않고 하나님께 기도하고 찬미하였다. 이것이 하나님을 향한 두 사람의 반응이었다. 우리의 믿음은 낮에 드러나지 않고 밤에 드러난다. 환경이 좋고 모든 것이 평안할 때는 다 감사하고 찬양한다.

성경은 바울과 실라가 찬양할 때를 한밤중이라고 기록하고 있다. 여기서 한밤중은 물리적인 시간을 뜻하는 동시에 우리의 환경을 뜻할 수도 있다. 한밤중은 영적, 정서적, 심리적으로 누구에게나 찾아올 수 있다. 우리가 어려운 환경에 짓눌려 우울할 때, 모든 계획이 잘 진행되다가 물거품 될 때, 내가 진급할 차례인데 옆 사람이 손을 써서 내 진급을 빼앗아 갔을 때 등 모두 한밤중이다. 한밤중은 빛이 들어오지 않고 아무도 나를 격려할 것이 없을 때를 말한다. 예수님은 너희는 세상에서 환난을 당할 수 있다고, 바울은 사방에서 우겨쌈을 당하고 있다고 했다. 한밤중이 찾아왔을 때 우리가 무엇을 하느냐가 중요하다. 우리의 반응이 하나님에 대한 생각을 증명하기 때문이다.

바울은 어떻게 이런 상황에서 하나님께 기도하고 찬양할 수 있었을까? 한밤중에 찬양하매 죄수가 듣고 있다고 하는 데에 깊은 의미가 있다. 믿지 않는 자들은 믿는 우리들이 어려움을 당했을 때 어떻게 보내는지 알고 싶어 한다. 우리는 어려운 일이 생겨도 하나님께 감사하고 찬양해야 한다. 그러면 기적이 일어나게 된다. 한밤중에 기도하고 찬양할 때 옥문이 열린 것을 본 간수는 죄수들이 다 도망간 줄 알고 자결하려고 했는데 바울이 우리가 다 여기에 있으니 몸을 상하게 하지 말라고 했다. 간수가 무서워 떨며 우리가 어떻게 하여야 구원을 얻을 수 있느냐고 의미 있는 질문을 한다. 이것이 바울과 실라에게 한밤중을 허락하신 이유가 아닐까? 바울은 주 예수를 믿으라 그리하면 너와 네 집이 구원을 얻는다고 답했다.

　사랑하는 여러분은 비록 한밤중이라도 예수님을 모르는 자에게 구원의 손길을 내밀 수 있는 복된 삶 되기를 축원한다.

한밤중에
찬양하면 2

사도행전 16장 22절 이하의 내용을 보자. 25절을 보면 바울과 실라가 한밤중에 하나님 앞에 나아가 기도하고 찬양하며 경배할 때 하나님께서 일을 시작하심을 보게 된다. 로마가 자랑하던 그 튼튼한 감옥 문이 저절로 열리고 차꼬가 풀리는 사건이 일어난다. 한밤중에 바울과 실라가 기도하던 바로 그 순간 지진으로 옥 터가 흔들린 것이다. 아무리 이 땅 위에 발전된 과학으로 견고한 건물을 세워도 하나님께서 한번 흔들어 놓으시면 폐허가 된다. 우리가 하나님께 찬양하고 기도할 때 하나님께서 일하시게 하는 동기를 드리는 것이다. 일을 시작하신 하나님은 세상이 이해할 수 없는 사건들을 풀어 가신다.

한밤중에 하나님께 찬양하고 기도할 때 영의 세계에 들어가게 된다. 영의 깊은 세계에서 하나님께 엄청난 선물인 영적 열쇠를 받는다. 이 열쇠는 모든 것을 가능하게 한다. 옥문도 열리고 차꼬도 풀리고 경제문제, 질병문제, 직장문제, 진학문제도 다 풀린다. 영적인 열쇠는 모든 것이 다 들어맞게 되어 있다.

한밤중에 하나님께 드리는 경배와 찬양은 이러한 엄청난 하나님의 역사하심을 체험할 수 있다. 부족한 종도 실명한 후 마지막 죽음의 순간에 정말로 가느다란 신음 같은 음성으로 불렀던 찬송이 있다. "고통의 멍에 벗으려고… 낭패와 실망 당한 뒤에… 교만한 맘을 내버리고… 죽음의 길을 벗어나서 예수께로 나옵니다…" 이 찬송을 거의 신음하듯 숨이 넘어가듯 불렀을 때 하나님은 나를 하나님의 깊은 영의 세계로 인도하셔서 환상으로 보여 주셨다. 흙탕물과 같은 오염물이 온몸에서 한참 흘러내리더니 내 집을 다 덮어 버린 후 그 물이 점점 맑은 시냇물로 변하더니 한참 후에 바위 같은 산이 나타나 내 앞을 가로막았다. 내가 그 바위를 기어 올라가 앉았을 때 영광의 하늘 광채가 나의 온몸을 둘러싸서 나를 황홀하게 만들어 주시고 하나님께서 직접 "구약성경 320페이지가 네 것이니"라고 말씀으로 허락해 주셨다.

때때로 이런 질문을 받는다. '하나님께서 한국말로

하셨어요? 영어로? 불어로 하셨어요?' 하나님은 영이시므로 영으로 말씀하시고 영으로 대답하신다. 따라서 하나님을 보았다는 분들은 거짓말쟁이이다. 하나님께서 영으로 말씀해 주셨다.

구약성경 320페이지는 여호수아 1장이다. "내가 너를 떠나지 않고 버리지 않겠다. 내가 너의 하나님이 되어 주겠다. 마음을 강하게 하고 담대하라…." 그때 하나님께서 나의 생존 의미를 회복시켜 주셔서 하나님 은혜로 작은 종이 되었다. 내 삶의 문제를 영적인 열쇠로 열어 주셔서 하나님 일을 하도록 새롭게 세워 주셨다. 여러분은 영적인 열쇠를 선물받도록 한밤중에도 찬양과 기도로 하나님께 경배 드리기를 바란다.

늘
기뻐하라

"주 안에서 항상 기뻐하라 내가 다시 말하노니 기뻐하라"(빌 4:4).

37년 동안 한 번도 안경을 쓰지 않던 내가 맹인이 되었다. 많은 사람들이 묻는다. 무엇이 제일 힘이 드느냐고? 나는 여름을 지나기가 참으로 많이 힘들다. 시각을 잃고 나니까 더우면 더욱더 덥고 더 답답하다. 목회가 어렵고 집회 사역으로 육신이 지친 상태인데 설상가상으로 날씨마저 무덥고 진땀이 흐르면 하루를 지내기가 정말 힘들다. 나는 이러한 상태가 되면 최악의 열악한 환경에서 고난 당하면서 하루하루를 살던 사도 바울을 생각한다. 바울은 말씀에 순종해서 복음을 전했다. 그런데 폭도들에 의해서 핍박을 받아 옷은 찢겨져 벗겨지고 온몸은 얻어맞아 피투성이가 되어 토굴 지하 감옥에 던져진다.

성지 순례 때 토굴 지하 감옥에 들어간 적이 있다.

토굴에 들어가자마자 얼굴이 따끔따끔하고 공기가 좋지 않아서 나쁜 냄새가 많이 나고 더러워서 둘러보기가 매우 고통스러웠던 기억이 난다.

사도 바울의 얻어맞은 몸은 줄에 매이고 발은 쇠고랑으로 든든하게 채워져 있었다고 했다. 오히려 바울은 자유롭게 살고 있는 빌립보 성도들에게 "주안에서 항상 기뻐하라 내가 다시 말하노니 기뻐하라"라고 부탁한다. 우리는 좋은 환경에서 기뻐하고 찬양할 수 있다. 모든 일이 순조롭고 돈의 흐름이 좋고 인간관계가 원활할 때 우리는 기뻐할 수 있다. 하지만 사업이 잘 안 된다던지 계획한 일들이 틀어지거나 소통이 잘 안 되고 문제가 생긴다든지 할 때도 감사하고 찬양할 수 있어야 한다. 비록 어려운 환경일지라도 하나님과의 관계가 바로 되어 있을 때 우리는 저절로 기뻐하게 되어 있다. 우리가 기쁨을 잃어버리는 경우는 하나님 말씀에서 너무 멀리 가 있을 때이다. 이럴 때 우리는 하나님 앞에 빨리 나아가 잘못을 고백하고 기쁨을 회복해야 한다. 하나님과 관계가 소원해지면 우리 영혼은 메말라질 뿐만 아니라 고통스럽게 된다.

사도 바울이 열악한 토굴 감옥에서 승리할 수 있

었던 것은 생각을 전환했기 때문이다. 부활하신 예수 그리스도를 만난 이후 끊임없이 변화된 삶을 살아온 바울은 붙잡고 있던 마지막 자존심을 버리고 낮추시는 하나님의 손길을 붙잡았다. 모든 것을 하나님께 맡기고 의지할 때 바울은 하나님의 능력을 소유할 수 있었다.

무더운 여름을 지날 때 나뿐만 아니라 정상인들도 환경이 힘들면 더 어렵고 더 답답해진다. 간혹 기쁨이 사라질 때 우리 시각 장애인을 생각해 보라! 그리고 사도 바울이 토굴 감옥에서 부탁한 말을 떠올려 보라! 그리고 마음을 전환하라! "주 안에서 항상 기뻐하라 내가 다시 말하노니 기뻐하라." 이 말씀을 하나님 음성으로 들으며 무더운 여름도 시원하게 보내기를 바란다.

시험과
시련

어느 날 사업을 하시는 성도님이 내가 있는 곳에 방문하였다.

"목사님! 기가 막혀서… 한 직원이 사업의 모든 정보를 빼서 회사를 차렸다는군요, 큰 시험을 당했습니다. 기도해 주십시오…."

"사랑하는 집사님이 당하신 것은 시험이 아니고 시련입니다. 시험은 사탄이 주는 것이라 우리를 고통으로 몰아가다가 망하게 합니다. 시련은 하나님이 허락하신 훈련입니다."

시련은 하나님 뜻을 이루기 위한 과정이다. 우리를 연단하고 다듬어서 새롭게 사용하시려는 계획이다. 하나님이 크게 사용하신 성경의 인물들도 다 시련을 겪고 쓰임 받았다. 다윗은 왕으로 기름부음 받았지만 15년 동안 모진 훈련을 받았다. 장인 사울 왕의 핍박, 아들 압살롬의 반란, 수많은 전쟁, 믿던 자들의 배신

등 모진 시련을 받았다. 세상에서 가장 온유하다고 칭함 받은 모세는 40년 동안 광야에서 연단을 받은 후 이스라엘 백성을 인도하라는 하나님의 소명을 받았다. 사도 바울은 예수 믿는 자들을 핍박하러 가다가 다메섹에서 시력을 잃은 후 아라비아에서 3년 동안 회개했다. 예수만 불러도 눈물이요 십자가만 불러도 눈물이었다. 바울의 가치관이 바뀌었다. 가는 곳마다 교회를 세우고 많은 기적을 행하는 하나님의 큰 일꾼이 되지 않았는가?

하나님은 시련을 피하게 하지 않고 이길 수 있는 믿음을 주시는 분이다. 나의 종이라고 하나님의 칭찬을 받은 욥 또한 엄청난 시련을 받지 않았는가? 욥은 사탄이 시험하는 것을 말씀으로 이겼다. "주신 이도 여호와시요 거두신 이도 여호와시오니 여호와의 이름이 찬송을 받으실지니이다"(욥 1:21).

부족한 종은 참 교만한 사람이었다. 하나님은 내가 실명한 후 나를 찾아 주시고 이 죄인의 죄를 용서하시고 나의 하나님이 되어 주시겠다고 약속까지 해주셨다. 나는 그 약속의 말씀을 믿었지만 당장 어려움을 해결해 주시는 것이 아니라 훈련을 시키신 후에 하나님의 작은 종으로 사용하셨다. 하나님의 뜻과 계획하심이 있다. 시련은 더 좋은 것을 주시기 위한 연단이다. 나는 하나님 은혜를 체험한 후 하는 고백이 있다. "37년 동안 눈으로 보았으니 눈으로 보지 못하고 살 때가 있지 않겠느냐. 하나님의 이름을 찬양할지어다." 나는 욥의 고백을 배워서 시련을 극복하고 새로운 능력을 받아 하나님이 허락하신 일을 감당하고 있다.

여러분! 삶에 어떤 문제가 있는가? 혹시 힘든 시련을 겪고 있는가? 가정, 직장, 건강 등 문제 앞에서 조금만 더 참으며 인내하기를 권한다. 인내는 쓰지만 열매는 달다. 더도 말고 한번만 더 인내하라. 하나님이 예비한 새로운 축복의 길, 피할 길, 승리의 길이 있다. 욥과 같은 고백으로 오늘을 이기고 승리하는 내일의 삶 되기를!

진정한
행복

'행복한 미소.'

어떻게 그 나이에 그런 웃음을 웃을 수 있느냐? 나의 미소에 궁금해 하는 분들이 많다. 나의 미소로 감사를 회복한다는 사람들, 부족한 종을 사랑해 주시는 많은 사람들이 나에게 붙여준 애칭이 '행복한 미소'다.

화니 제인 크로스비는 어릴 적 시력을 잃었으나 9천여 편의 찬송시를 쓴 찬송가 작가이다. 그녀는 영적인 여인으로, 행복하게 산 기독교인으로 알려져 있다.

많은 기독교인들의 신앙고백으로 불리워지는 크로스비의 찬송가 중 '예수로 나의 구주 삼고'는 크로스비 여사의 삶의 비밀을 밝히고 있다.

"주 안에 기쁨 누리므로 마음의 풍랑이 잔잔하니 세상과 나는 간 곳 없고 구속한 주만 보이도다.…"

나 역시 비록 육신의 눈과 건강을 잃었지만 내 속에 있는 주님의 생명과 구원의 확신은 결코 잃지 않았다. '내 안에 주님의 생명만 있다면 못 보는 것, 힘든 일, 어려운 문제 등은 다 해결될 수 있다'는 크로스비 여사와 같은 행복한 믿음의 고백을 할 수 있다.

나와 함께하는 우리 새빛 가족들 대부분은 인생 여정 중간에 시력을 잃고 가족과 세상에서 소외되고 삶의 벼랑 끝에서 방황하다 온 분들이다. 세상의 시각으로 바라볼 때 새빛은 실패한 사람들이 모인 곳이요, 모든 것을 다 잃어버린, 행복할 조건이 없는 곳이다. 하지만 우리 가족들은 행복하다고 고백한다. 감사하다고 고백한다. 무엇이 새빛 가족을 '행복하다'는, '감사하다'는 고백을 하게 할까? "높은 산이 거친 들이 초막이나 궁궐이나 내 주 예수 모신 곳이 그 어디나 하늘나라…"(새찬송가 438장 3절).

외적인 조건이 우리에게 진정한 행복을 줄 수 없다. 나를 위해 죽으시고, 부활하시고, 다시 오실 주님 생명을 소유할 때 우리는 진정한 행복을 경험하며, 진정한 감사를 고백할 수 있게 된다.

"우리가 낮아졌을 때에, 우리를 기억하여 주신 분께 감사하여라. 그 인자하심이 영원하다"(표준새번역 시 136:23).

예수님의
장애인관 1

4월은 장애인의 달이다. 장애는 크게 신체적 장애
에 따라 지체 장애·뇌병변 장애·시각 장애·청각 장
애·언어 장애로, 정신적 장애에 따라 정신 지체 장
애·정신 장애·발달 장애로 분류하고 있다. 우리나라
장애인은 약 4백만 명 정도로 추산된다. 이들 중에는
선천성 장애인보다 과학문명의 발달로 인하여 장애
를 입은 후천적 장애인들이 대부분을 이루고 있을 정
도로 장애의 범위가 확대되고 있으며 그에 따른 사역
들 또한 절실히 요청되고 있다.

예수님은 이미 2천여 년 전 말씀으로 우리에게 올
바른 장애인관을 제시해 주셨다. 요한복음 9장을 보
면 예수님과 제자들이 길 가실 때에 한 맹인을 만났
다. 제자들도 보았고 예수님도 보았다. 그러나 장애
인을 보는 관점은 완전히 달랐다. 제자들은 "'왜', '어
떻게' 맹인이 되었을까?"라는 과거와 원인만 바라보

았다. 하지만 예수님은 하나님 나라 영광을 위하여 쓰임 받는 앞으로의 시작을 바라보시고 비전을 심어 주셨다. 이것이 바로 예수님의 장애인관이다.

우리 새빛에는 'I lost my sight, but not my vision'의 표어가 있다. 비록 시력은 잃었지만 비전은 잃지 않았다는 우리 신앙고백이다. 세상의 잣대로 보면 나를 비롯한 많은 시각 장애인들은 보살핌을 받아야 하는 대상이지만 예수님의 시각으로 보면 시각 장애인들은 하나님 영광을 위한 사역자이다. 그렇기에 모든 시각 장애인들에게 새로운 시작과 비전을 심어 주어 하나님 일꾼으로 재활시켜 나가는 것이 새빛이 하는 일이요 앞으로 해야 할 사역이다.

하나님께서는 우리 믿는 자들을 통하여 올바른 장애인관이 성립되기를 원하신다. 우리가 먼저 예수님의 장애인관을 실천할 때 이 세상을 향한 하나님의 뜻이 이루어질 것이며, 더 이상 장애인이 걸림돌이 아닌 하나님께 가까이 나아가도록 도와주는 디딤돌이 될 것이다. 하나님께서 우리에게 부탁하신, 비장애인과 장애인이 더불어 새로운 시작이 이루어지는 멋진 4월이 되기를 예수님 이름으로 부탁드린다.

"예수께서 대답하시되 이 사람이나 그 부모의 죄로 인한 것이 아니라 그에게서 하나님이 하시는 일을 나타내고자 하심이라"(요 9:3).

예수님의
장애인관 2

인도어에는 '감사'와 '미안'이라는 두 가지 단어가 없다. 아무리 도와주어도 고맙다는 말을 안 한다. 윤회설을 믿기 때문에 네가 나를 도와주면 다음에 태어날 때 좋게 태어날 것이고 또 상을 받을 것이고, 차 사고가 나면 차가 와서 부딪쳤다는 사고방식이다.

성경은 사랑이 최고의 계명이라고 밝히고 마음과 뜻과 정성을 다하여 하나님을 사랑하고 이웃을 내 몸처럼 사랑하라고 말한다. 유대인들의 잘못된 생각을 지적하신 예수님은 강도 만난 자와 선한 사마리아인의 비유를 통해서 오늘 우리들에게 '네 이웃은 누구냐?'라고 질문하신다. 누가복음 10장 25절 이하에서 예수님이 가르쳐 주신 이웃 사랑은 나를 필요로 하는 사람에게는 언제든지 마음 문을 열고 도와주라고 하신다. 어려움에 빠진 사람은 인종, 종족을 가리지 말고 누구든지 이웃이 되라고 하신다. 주님은 우리가 도와주어야 할 사람을 성령을 통하여 기억나게 하신다. 사마리아 사람은 응급 처치만 해주지 않고 계속적인 치료를 부탁했다. 지속적인 헌신에는 준비가 동반되어야 한다. 성령으로 충만하지 못한 메마른 심령 상태에서 이웃을 섬길 때에는 오히려 다른 사람에게 부담을 준다.

2천 년 전에 예수님이 보여 주신 장애인관을 이론화한 것이 사회복지다. 사회복지의 근본 원리는 예수님 사랑에서 나왔다. 요한복음 9장에 보면 예수님의 가르침을 받은 제자들조차도 길에서 만난 맹인을 바라보는 시각이 바리새인들과 같았다. 제자들은 운명론을 가졌지만 예수님은 상상을 초월하는 말씀을 하신다. "…그에게서 하나님의 하시는 일을 나타내고자 하심이라"라고.

예수님은 과거를 묻지 않는다. 예수님을 영접하는 순간 새로운 삶이 시작된다는 것을 가르쳐 주셨다. 우리의 끝은 하나님의 시작이라는 명제와 예수님의 장애인관을 통찰하지 못했다면 나 역시 절체절명의 상황에서 빠져나오지 못했을 것이고 오늘 이 자리에 서지도 못했을 것이다.

하나님이 나 같은 죄인의 괴수를 통하여서 하실 일이 있음으로 늘 감사한다. 여러분, 내 마음의 아픈 부분이 무엇인지 살펴보자. 예수님 앞에 다 내려놓기를 권한다. 그대로 두면 운명론에 빠진다.

우리에게 제2의 삶을 주신 예수님께 감사로 찬양을 드리기 바란다. 우리를 죄에서 구원하시고 소망을 주시기 위해 십자가에서 죽으시고 부활하신 예수님! 그리고 다시 오실 예수님! "참 감사합니다."

감사가 회복되면
더 큰 감사를

"감사로 제사를 드리는 자가 나를 영화롭게 하나니 그의 행위를 옳게 하는 자에게 내가 하나님의 구원을 보이리라"(시 50:23).

감사의 계절이다. 1620년 청교도들은 신앙의 자유를 얻기 위하여 생명을 건 모험의 항해로 북미주에 첫 발을 내딛었다. 원주민의 도움으로 꽁꽁 얼어붙은 땅을 헤치고 심은 옥수수 감자 등으로 얻은 첫 수확으로 감사 예배를 드렸다. 그들은 제일 먼저 교회를 세우고 학교를 지은 후 자신들의 집을 지었다고 한다. 누구나 일이 잘되거나 좋은 일에는 감사하지만 하나님의 자녀들은 어려운 가운데서도 주신 일을 감사한다. "감사함으로 받으면 버릴 것이 없나니"(딤전 4:4). 하나님은 우리의 감사를 기뻐하시고 우리의 감사 회복으로 역사하시고 복 주신다.

나는 늘 "맹인 되고 수지 맞았다"라고 말한다. 나는 맹인 되고 엄청난 축복을 받고 감사가 회복되었다. 내가 나중에 들었던 이야기이지만 일 년에 약 10만 명쯤의 사람들이 행방불명 된다고 한다. 내가 맹인 된 직후 길거리를 헤맸을 때, 바구니를 놓고 구걸할 때 그런 나를 잡아다가 장기를 팔아도 어쩔 수 없었을 것이다. 그 순간순간마다 하나님은 그들의 눈을 감겨 나를 통과시켜 주셨다. 그 은혜 하나만도 갚을 길이 없다. 나는 하나님 사랑에 큰 빚진 자이다. 그 감사가 회복되니 놀라운 축복을 날마다 더 해 주신다.

하나님은 필요한 것을 하나하나 채워 주신다. 새 가정을 주시고, 일할 사무실을 주시고, 하나님께서 일을 만들어서 교회, 선교회, 복지법인, 맹인 양로원을 만들어 주시고, 더 나아가 네팔, 스리랑카, 인도네시아, 인도, 미얀마, 중국, 태국에 맹인센터를 세우게 해주셨다. 지금까지 110여 개 나라에서 1만 2천여 회 집회를 인도할 수 있도록 세계를 다닐 수 있도록 만들어 가셨다. 놀라운 은혜의 축복이다. 토마스 아 켐피스는 "내가 아직도 불행하다고 하는 사람은 나를 향한 하나님의 섭리와 경륜을 깨닫지 못한 데 있다"라고 했다. 나를 향한 하나님 은혜를 깨달을 때, 지난 모든 일들이 감사로 회복될 때 하나님은 놀라운 복을 주신다.

  우리는 추수감사절에만 감사할 것이 아니라 범사에 감사(살전 5:18)해야 한다. 감사하는 것처럼 행복한 일은 없다. 감사생활은 믿음으로만 할 수 있다. 나를 향한 하나님 뜻을 깨닫고 감사가 회복되는 복된 여러분이 되기를 축원한다.

섬기는
손길

"인자(人子)가 온 것은 섬김을 받으려 함이 아니라
도리어 섬기려 하고 자기 목숨을 많은 사람의 대속물
로 주려 함이니라"(마 20:28). 이 말씀은 섬김이 무엇
인지를 가르쳐 주고 있다.

올해에도 나는 일본 코스타(해외 유학생 선교 집회)에
강사로 참여하게 되었다. 매년 열리는 일본 코스타에
참석할 때마다 집회를 위하여 수고하는 일본 코스탄
들에게 늘 은혜를 받고 돌아온다.

특별히 기억되는 것은 비가 억수같이 쏟아지던 가
운데 진행되었을 때의 집회였다. 장대같이 퍼붓는 엄
청난 빗줄기였다. 3천여 명(한인 · 일본 청년들)이 모인
가운데 숙소와 집회 장소가 부족한 상황에서 폭우는
모든 것을 더욱 어렵게 만들었다. 엄청난 빗줄기로
인해 주 집회 장소의 텐트에 빗물이 고이면서 그 무
게로 인하여 텐트가 주저앉을 것 같은 상황이 발생했

다. 그러나 소음 하나 없이 모든 순서를 진행하며, 몇 시간씩 빗물을 물받이 가장자리에서 퍼내는 수고를 하는 코스탄들의 모습에서 섬기는 자의 모습을 볼 수 있었다.

그 다음 날 새벽, 샤워장으로 향하는데 청년 한 명이 등을 돌리고 앉아서 남몰래 구두를 닦고 있었다. 그 청년은 강사들 숙소에 몰래 들어와서 진흙탕에서 흙 범벅이 되어버린 강사들의 구두를 닦다가 나를 보게 되었고, 무엇을 들킨 사람처럼 등을 돌리며 당황해 했다. 나중에 알고 보니 일본에서 박사 학위를 받고 귀국을 앞둔 신실한 청년이었다. 장애인이기에 일반인보다 더욱 흙 범벅이 된 나의 신발을 닦고 있는 그의 행동은 더욱 진한 감동을 주었다. 그것은 봉사의 차원이 아닌 섬김의 모습이었다.

많은 분들이 교회와 기관에서 봉사할 때면 자신이 나타나기를 바라고 드러나기를 원한다. 세상에서는 낮은 사람이 높은 사람을 향해서 섬기는 것이 당연한 이치가 되어 있다. 하지만 진정한 섬김은 '누구든지 크고자 하는 자는 너희의 섬기는 자가 되고, 너희 중에 누구든지 으뜸이 되고자 하는 자는 너희 종이 되어야 하리라'(마 20:26~27)라는 말씀으로 우리에게 말하고 있다. 예수님은 우리를 위해서 목숨을 버리시기까지 우리를 섬기셨다. 예수님 마음처럼 우리도 작은 자 하나를 귀히 여기며 섬김의 삶을 살 수 있기를 기도한다.

한 영혼을
위하여

중국 연변은 약 220만 명의 조선족 자치구이다. 나는 같은 한국어를 쓰는 동포들의 초청 집회에 나섰다. 우리 동포를 만난다는 설렘, 하나님께서 어떤 영혼을 위해서 나를 이곳 중국으로 부르시는지 기도하며 중국 집회 여정에 올랐다.

수천 명이 모이는 중국의 가장 큰 연길교회, 아름다운 교회의 장애인 집회, 연변과학기술대학집회 등이 있었지만 특별하게 부딪혀 오는 한 영혼을 만나지는 못하였다. 하나님 뜻이 어디에 있는지 궁금해 하며 귀국하는 날이었다. 숙소로 찾아오신 과학기술대학교(과기대)의 서 교수님(상담학)을 만날 수 있었다.

"목사님! 중국에 잘 오셨습니다. 우리 과기대에 잘 오셨습니다. 하나님이 아마 그 영혼을 위해서 목사님을 중국으로 보내주신 것 같습니다." 서 교수는 내 손을 꼭 잡으며 이야기를 시작하였다.

L양, 그 자매와 남동생은 부모님의 이혼과 두 분의 재혼으로 오갈 때가 없는 처지가 되었다. 어려운 생활 속에서도 서로 의지하며 남동생은 식당에서 복무원(점원)으로 일하였고, 자매는 후원자의 도움으로 과기대에 입학하여 기숙사에서 생활하게 되었다. 그러다 작년 11월 남동생마저 연탄가스로 사망하였고, 큰 충격 속에서도 자매는 장례식에서조차 눈물 한 방울 흘리지 않고 태연하였다고 한다. 이후 자매는 의연한 모습으로 생활하였다.

그러나 안 좋은 상황은 6개월이 지난 뒤 시작되었다. 자매는 눈물과 원망 속에서 벗어나지 못하였고, 살 가치와 보람을 느끼지 못하고 자신도 죽겠다며 주변을 정리하기 시작하였다. 자매를 걱정한 서 교수님과 주변인들이 24시간 자매를 지켜주기 시작하였다.

그러던 중 내가 참석하는 과기대 집회가 예정되었고, 한 교수가 자매에게 시각 장애인 안요한 목사가 왔다며 참석을 권유하여 그 집회에 참석하게 되었고, L자매는 집회에서 은혜를 받게 되었다. 그녀는 "저 죽지 않고 살 거예요. 다시 공부할 거예요. 감사해요" 하며 몇 개월 만에 처음으로 활짝 웃으면서 자신의 마음을 고백하였다. 주위 사람들은 하나님께 감사드렸고, 서 교수도 교수 생활을 하면서 이렇게 기쁜 날은 없었다고 말했다.

"하나님, 감사합니다. 죄 많고 부족한 종을 이곳에 보내주셔서 귀한 자매의 영혼을 구할 수 있게 해주셔서 너무 감사드립니다. 저를 맹인 되게 해주셔서 감사합니다. 이 세상에서 버림받게 해주셔서 감사합니다. 이제 또 다른 내일 내가 만난 하나님을 증거하여 하나님의 구원 역사를 이루는 삶을 살아가겠습니다. 하나님께 영광 돌립니다. 아멘."

그동안 여러 집회와 많은 만남이 있었지만 이번 집회에서 가장 보람 있었던 것은 절망에 빠진 한 영혼을 주님 말씀으로 어루만지고 다시 회복할 수 있게 도울 수 있었던 것이었다.

축복의
부메랑

　미국 선교 집회 여행 중에 신학교 선배이신 원로 목사님의 설교 테이프를 듣던 중, 소천하신 선친의 말씀이 상기되었다. 평생 개척교회만 섬기던 가난한 목사이셨던 나의 선친은 96세에 천국으로 가셨다. 물질적 유산은 없었지만 늘 보시던 성경과 함께 "항상 남을 돕고 살아라, 남을 돕는 것은 자신뿐만 아니라 후대 자손에게까지 축복으로 돌아오는 부메랑과 같다"라는 말씀으로 삶에서 보여 주셨던 귀한 신앙의 유산을 남겨 주셨다. 이는 나의 삶의 나침반이 되었고 지금도 내가 하는 사역을 감당케 하는 힘이 되고 있다.

　선친께서는 평양신학교 졸업 후 목회를 하시다가 8·15 해방 때 서울로 오신 후 잠시 정부 기관에 재직하셨다. 6·25 한국전쟁 때 미처 피난을 가지 못한 우리 가족은 납북 되었고, 기차를 타고 강제노동수용소로 끌려가던 도중에 공산당원의 아들이 갑자기 열병으로 죽었다. 모두 당황하여 갈팡질팡할 때 선친께서 "나는 목사요, 내가 당신의 죽은 아들을 위해 기도해주고 싶소"라고 말씀하시고 그 죽은 아들을 기찻길 옆에 묻은 후 십자가를 세우고 기도를 해주셨다.

한 달여 동안 수용소에서 강제노동으로 연명하던 어느 날이었다. 압록강 너머로 후퇴하게 된 인민군들은 수용된 포로들을 모두 사살하라는 상부 명령을 수행하기 위해 들이닥쳤다. 우리 가족은 마지막이라 여기고 서로를 감싸 안고 두려움과 공포로 오열하였다. 그때 한 공산당원이 우리 가족을 한쪽으로 끌고 가더니 선친께 "당신이 나의 죽은 아들을 위하여 기도해주었지…, 지금 그 빚을 갚을 테니, 너희 가족을 데리고 빨리 도망가라" 하며 뒷문으로 인도하여 주었다. 뒷산을 넘어가는데 멀리서 '뚜뚜두두…' 총소리가 들려왔다. 많은 생명을 앗아가는 그 소리에 우리는 가슴을 도려내는 듯한 비통한 마음으로 무거운 발걸음을 딛으며 남쪽으로 향했다.

선친의 믿음의 용기가 없었다면 오늘의 나는 없었다. 이 믿음의 교훈은 하나님 앞에 갈 때까지 잊혀질 수 없기에 나의 가족과 사랑하는 하나님의 백성들에게 이 말씀을 전하고 인용하고 있다. 이따금 그 총소리가 지금도 나의 뇌리를 스친다.

"그러므로 내 사랑하는 형제들아 견실하며 흔들리지 말고 항상 주의 일에 더욱 힘쓰는 자들이 되라 이는 너희 수고가 주 안에서 헛되지 않은 줄 앎이라"(고전 15:58).

목사님, 분꽃 아직
안 피었나요?

아놀드 토인비는 말세가 가까워지면 인간은 두 가지 부류가 된다고 하였다. 하나는 어둠의 자녀이고 또 하나는 빛의 자녀가 된다는 것이다.

지난 3월 남아프리카로 선교 집회를 가는 도중 홍콩에서 2주일 동안 간증 집회가 있었다. 둘째 날 저녁 집회를 마치고 쉬고 있는데 한 어린이가 나를 찾아왔다. 그 어린이는 내 손을 잡아도 되느냐고 묻고는 내 손바닥에 무엇인가 하나를 쥐어 주었다. 다음은 그 어린이와의 대화이다.

"이것이 무엇이니?"
"분꽃 씨앗 하나예요."
"오 그래, 웬 것이니?"
"목사님께 제일 좋은 선물을 하고 싶어서요. 이 분꽃 씨앗 하나가 제가 제일 소중하게 여기는 것이라 목사님께 드리려고 가져왔어요. 목사님 사랑해요."
수줍게 말한다.

"이름은?"

"정민이에요."

"몇 살?"

"여덟 살이요."

"정민아, 고맙구나. 앞으로 예수님 사랑 많이 받고
잘 자라요." 초등학교 1학년의 순수한 마음이 나의 가
슴을 뭉클하게 만들었다.

남아프리카에서 들은 바로, 에이즈에 감염된 세계
230만 명의 어린이 중 3분의2가 중남부 아프리카에
산재해 있다고 한다. 이 어린이들은 거의 에이즈에
감염된 부모에게 유전자를 받고 태어나서 열 살이 되
기 전에 사망한다. 정민이와 같은 또래의 소리 없이
죽어가는 여리고 작은 아이들… 그러나 이 아이들의
생명이 다 하기 전에 예수님을 만나게 하려고 눈물과
사랑으로 애쓰고 수고하는 한국의 젊은 선교사 부부
들이 그곳에서 아름다운 사역을 감당하고 있었다.

어둠과 빛이 공존하는 아프리카! "예수께로 가면
나는 기뻐요 나와 같은 아이 부르셨어요."(찬 300 새찬

송가 565 후렴) 화니 크로스비의 이 찬송을 어린이들과 같이 언제까지나 부르고 싶다.

아프리카를 떠날 때 가냘픈 어린이들이 내 손을 붙들고 "목사님, 또 언제 오세요?"라고 물었을 때 "분꽃이 피면 다시 올게! 기다리고 있어!"라고 약속했다.

분꽃은 피었지만 바쁜 스케줄로 인해 아프리카를 방문하지 못하고 있던 중에 약속을 기억하고 기다리던 어린이들의 전화를 받게 되었다.

"목사님! 분꽃 아직 안 피었나요?"

어린이들의 모습이 그려지며 내 눈에 눈물이 핑 돌았다.

그가 나를 안즉
내가 그를 높이리라!

캐나다 토론토의 한 교회 집회 때 만난 집사님이 당 교회 사모님, 성도님들과 우리 일행을 점심 식사에 초청했다. 나는 성악을 전공하신 사모님의 노래를 한 번 더 듣기를 청하였다. 작곡을 전공하신 집사님 댁에는 각종 악기가 있었다. 집사님이 반주를 시작하자 그 댁 애견이 갑자기 뛰어나와서 주인 옆에 앉더니 고개를 갸우뚱거리며 가락을 맞추는 듯하더니 알았다는 듯이 찬양을 부르는 사모님 앞으로 다가갔다. 사모님은 "오 신실하신 주"를 부르셨는데 그 강아지가 지휘를 하듯이 두 앞발을 들고 흔들었다. 모두 눈물이 나도록 웃었다. "와아! 놀랍다! 대단하네… 영특하네…" 감탄하며 칭찬해 주고 밖으로 내다 놓으니 그 영특한 강아지도 그 순간 킁킁거리며 땅만 쳐다보며 돌아다녔다. 아무리 영특해도 하늘을 바라볼 줄은 몰랐다.

인간의 삶 중에서 가장 귀한 것은 하나님을 바라보며 사는 삶이다. 이 땅 위 모든 피조물 중 오직 사람만 하나님을 바라보며 산다. 하나님이 우리를 얼마나 사랑하시면 하나님 형상을 따라 지으시고, 친히 생령을 불어 넣어 주시고, 독생자까지 아낌없이 십자가의 수난을 당하게 하시고 우리에게 영생의 길을 주셨을까? 끝없는 사랑을 받은 우리는 하나님을 높이고 자랑하기보다 자기 자신을 내세우다 인정받지 못하고 마음의 상처만 받을 때가 얼마나 많이 있는가. 하나님을 높이고 의지하면 하나님은 우리를 높여 주시고 도와주시고 동행하여 주신다.

시편에 "그가 내 이름을 안즉 내가 그를 높이리라"(시 91:14)라고 말씀하셨듯이 하나님을 높이는 삶이 가장 귀하고 복된 삶이다. 사도 바울은 하나님의 비밀의 경륜을 깨달았기에 위대한 신앙고백을 할 수 있었다. "내 몸에 예수의 흔적을 가지고 있노라(갈 6:17), 살든지 죽든지 내 몸에서 그리스도가 존귀하게 되게 하려 하나니(빌 1:20), 예수 그리스도의 십자가 외에 결코 자랑할 것이 없으니(갈 6:14)"라고 엄청난 고백을 한다.

얼마나 하나님을 높이고 예수님을 높인 삶인가? 우리 주님은 "수고 많이 했다"고 하시고 모르는 체하지 않으신다. 꼭 보상해 주신다. '그가 나를 안즉 내가 그를 높이리라'라는 말씀이 모든 사람의 삶 속에 충만하기를 바란다.

여러분의 사생활이든 공생활이든, 여러분이 어느 곳에 있든지 여러분이 있는 그곳에서 사도 바울처럼 하나님만 높이는 삶 되기를 주님 이름으로 부탁드린다.

송충이는 솔잎을
먹어야만

따뜻한 봄철이 되면 사도 바울의 고백인 "내가 믿지 아니할 때"와 "죄인 중에 괴수"가 생각난다. 이 성구를 묵상하면서 내가 얼마나 죄인 중의 괴수였는지를 깨닫게 해주신 하나님께 감사의 찬송을 드린다.

어느 날 인도네시아 집회 중에 원주민 신학교에서 설교할 기회가 있었다. "송충이는 솔잎을 먹고 삽니다. 목사 가정에서 태어나 하나님 말씀을 먹고 자라야 할 제가 세상 죄를 먹고 마셨기 때문에 하나님은 저의 세상적인 길을 막으시고 깨닫게 하셔서 목사로 새롭게 만들어 주셨습니다"라고 밝힌 후 "제가 신학교에 갈 때 친구와 같이 입학했는데 제가 자퇴를 하니까 그 친구도 같이 세상으로 나왔습니다. 같이 세상을 즐기고 살다가 그 친구는 먼저 부름을 받았고 저는 이렇게 맹인이 되었습니다"라고 말한 후 이어서 "여러분! 공부하기 힘드시죠? 사명자의 길이 고달

프고 어렵지요? 그렇다고 한번 부름받고 선택을 받은 여러분이 저처럼 하나님을 떠나면 송충이가 솔잎을 먹지 않고 살 수 없듯이 제 친구처럼 죽거나 저처럼 맹인이 될 수도 있습니다. 여러분이 알아서 하십시오!"

나는 나의 간증을 했을 뿐인데 신학교 학장께서 많이 우시면서 기도를 못하셨다. 나중에 학장이 "졸업반이 되면 사명자의 길이 가기 힘들고 어려워서 미리 겁을 먹고 대부분 중퇴를 한답니다. 마침 그 시기에 목사님이 이런 설교를 했으니 어느 누가 도중하차할 생각을 하겠습니까? 송충이는 솔잎을 먹어야 한다는 말을 하나님께서 주셔서 우리 신학생들을 구원해 낼 수 있게 되었습니다" 말씀하면서 기뻐하였다.

"우리가 아직 죄인 되었을 때에 그리스도께서 우리를 위하여 죽으심으로 하나님께서 우리에 대한 자기의 사랑을 확증하셨느니라"(롬 5:8). 하나님께서 우리를 이렇게 사랑하신 이유는 무엇일까? 절대로 취소할 수 없도록 확증까지 하신 이유는 오직 믿음이다. 환난과 핍박을 받더라도 하나님을 믿고 감사하면서 살기를 기대하고 아무 조건 없이 구원하고 사랑하셨다. 하나님의 놀라운 복음으로 여러분은 축복의 자녀가 되었다. 이제 하나님은 택함 받은 여러분이 이 놀라운 복음으로 구원 사역을 감당하기 원하신다. 나만을 위한 생각을 버리고 받은 은혜를 감사하며 최선을 다해 섬김과 봉사로, 전도와 선교로 이웃을 살리고 축복하는 여러분이 되기를 바란다.

최고보다
최선을 기뻐하는 분

　새빛풍물선교단이 대만으로 단기선교를 다녀왔다. 명색이 풍물선교단이지 규모, 음악성, 연주 실력 등 모든 것이 미약할 뿐 아니라 단원들은 일거일동에서 다른 사람의 도움이 필요한 중도 실명한 사람들로 인생의 중반을 넘어선 이들로 구성된 연약한 단원이다. 실명 후 우여곡절을 겪고 좌절과 후유증으로 점철된 소망 없던 삶에서 예수님을 만나고 주님과 가까워지기 위해 시작한 찬양 연주는 음악 치료의 한 과정이었다.

　미지의 땅을 향해 두려움과 설레는 마음으로 여정에 오른 단원 중에는 비행기를 처음 타신 분도 있었다. 가만히 있어도 비지땀이 줄줄 흘러내리는 삼복 후의 무더위는 참 지독했다. '할 수 있다, 하면 된다, 해보자!' 연약하고 부족하기만 한 단원들은 부요하시고 신실하신 하나님께 모든 것을 맡기고 떨리는 마음을 찬양으로 다스리면서 현지인 교회로 향했다.

그곳에서 단원들은 생활 습관으로 우상을 숭배하는 중국인들이 오랫동안 지켜왔던 관습을 버리고 예수님을 영접하는 놀라운 하나님 역사를 체험하였다. "세상을 이처럼 사랑하사 독생자를 주셨으니…"(요 3:16). 인내와 사랑으로 창세전에 택하신 자녀를 기다리시는 하나님 아버지의 사랑을 다시 한번 체험한 우리는 감사로 예배를 드렸다. 한 영혼을 천하보다 귀히 여기시는 주님은 "죄인 한 사람이 회개하면 하늘에서는 회개할 것 없는 의인 아흔아홉으로 말미암아 기뻐하는 것보다 더 하리라"(눅 15:7), "너희는 온 천하에 다니며 만민에게 복음을 전파하라"(막 16:15)라고 하셨다.

우리는 불특정 대상을 겨냥하고 복음을 전하기 위해 숙소 앞마당에 앉아 연주하였다. 악인이 죽는 것을 기뻐하지 않으시고 그 길에서 돌이켜 떠나 사는 것을 기뻐하시는 자비와 긍휼이 많으신 주님은 한 영혼을 통해 성령의 도우심과 역사하심을 체험하게 하셨다.

"목사님! 또 가요, 또 해요!" 눈물과 땀으로 뒤범벅이 된 단원들은 새 힘을 얻고 감사와 기쁨으로 충만하여 하나님께 모든 영광을 돌렸다. 연약한 자를 도우시는 주님! 최고보다 최선을 기뻐하시는 주님!

최고의 하나님께
나의 최선을

벳새다 동산에 5천여 명의 사람들이 모였다. 해는
지고 먹을 것은 없었다. 아무런 대책도 없었다. 그때
한 어린 소년이 자신의 끼니로 가져온 물고기 두 마
리와 보리떡 다섯 개를 주께 드렸다. 예수님은 자기
모든 것을 드릴 수 있는 어린 소년의 믿음을 보셨다.

작년 12월 중순 새빛맹인풍물선교단은 태국 치앙
마이에서 열린 예수 밀림축제와 미얀마 양곤 지역에
있는 맹학교, 고아원, 청소년 선교 현장 등을 방문하
였다. 외형적으로는 빈약하지만 주님을 사랑하는 마
음은 그 누구에게 뒤지지 않는 새빛선교단은 하나님
의 복음을 전하기 위해 힘든 여정에 올랐다. 치앙마
이에서 3~4시간 픽업트럭을 타고 꼼상, 후에이봉의
산족 마을에 도착한 단원들은 피곤함도 마다하고 각
자 맡은 악기를 최선을 다해 연주하였다. 약한 자를
통해 일하시는 아름다운 이야기가 있다. 춤을 어떻게

추는지 한 번도 본 적 없는 김명중 형제는 성령의 감동으로 꽹과리를 치며 덩실덩실 춤춘다. 이것이 바로 성령 춤이 아닐까? 하얀 은발에 체구도 작은 70세를 넘기신 채정규 집사는 어디서 그런 힘이 나오는지 신나게 북을 친다. 그 진지한 열정적인 모습에서 많은 사람들이 은혜를 받았다고 한다. 오직 성령의 감동으로 최선을 다해 연주하는 새빛 단원과 현지인들은 하나 되어 하나님께 영광을 돌렸다.

미얀마의 맹학교에서는 최선을 다해 연주하는 미약한 새빛 단원의 모습 속에서 우리도 언젠가 하나님께 쓰임 받을 수 있다는 한 줄기 도전의 빛을 찾았다 한다.

비록 부족하지만 선교 여행은 하나님께서 사용하심을 체험케 하셨고 더욱 큰 용기와 도전을 주셨다. 전문가는 아니지만 최선 다해 하나님을 사랑하는 마음으로 연주하고 신앙고백하는 우리를 통해 그곳 사람들은 하나님의 역사하심을 깨닫게 되었으며 살아 계신 하나님을 만나게 되었다는 참 기쁜 소식도 들었다.

새빛 회원의 사랑의 손길과 새빛 가족의 감사의 손길이 함께 하나님께 영광 돌리는 기도의 손길이 될 때 하나님의 도우심으로 승리하는 새로운 시작이 될 줄 믿는다.

합력하여
선을 이루다

"우리가 알거니와 하나님을 사랑하는 자 곧 그의 뜻대로 부르심을 입은 자들에게는 모든 것이 합력하여 선을 이루느니라"(롬 8:28).

우리는 이 세상에 태어나서 인생을 마칠 때까지 여러 가지 일들을 겪으며 살게 된다. 어떤 때에는 일이 잘 되어가다가 갑자기 안 되는 경우도 있고, 때로는 해결이 안 되고 꼬이기만 하던 일이 술술 풀리는 경우도 있다. 우리는 하나님을 믿는다고 하면서도 하는 일이 순풍에 돛을 단 듯이 순조롭게 진행되면 하나님이 나를 사랑하신다고 생각하고, 일들이 조금씩 틀어지면서 어려움이 생기고 손해 보는 일이 생기면 하나님이 나를 사랑하시지 않는 것 같고, 심지어는 하나님이 안 계신 것 같기도 한 불확실한 믿음을 가질 때도 있다. 그러나 분명한 사실은 우리의 어떠한 처지나 환경하고 관계없이 하나님은 살아 계셔서 우리의 일거수일투족을 감찰하고 섭리하고 계신다는 것이다.

지난 8월에 미국 북동부 지역의 한인 교회에서 설교를 했다. 때마침 아일린이라는 허리케인이 그 지역을 통과하게 되어 모든 매스컴에서는 대중교통의 중단과 상가의 철시, 그리고 시민들에게 외출을 삼가하라는 방송을 계속하여 대부분 교회들이 예배를 드리지 못하게 되었다. 그러나 내가 설교하기로 한 교회는 예배를 감행하였다. 많은 성도님들이 그 지독한 폭풍우를 뚫고 예배에 참석하였다. 오전 9시 30분 예배를 잘 드리고 11시 대예배를 기다리고 있었다. 예배시간 5분 전인데 갑자기 '꽝' 하는 굉음과 동시에 교회 전기가 나갔다. 낙뢰로 교회 옆에 있는 큰 가로수가 쓰러지면서 변압기를 강타한 것이다. 교회는 캄캄해졌고 모든 음향기기는 멈추었다. 하나님의 도우심을 간구하면서 혼신의 힘을 다해 로마서 8장 28절 "…합력하여 선을 이루실 줄 믿습니다"라는 말씀으로 설교를 시작하여 하나님 은혜로 잘 마칠 수 있었다. 담임 목사님께서 광고하시며 "참 하나님의 은혜가 감사합니다. 우리는 강단을 새로 단장한 후 첫 제단에서 안 목사님을 모시게 되어 기대하고 있었는데 예기치 못한 허리케인 여파로 정전이 되어 걱정했습니다. 그러나 안 목사님은 앞을 못 보시므로 원고 없이 설교하시기 때문에 얼마나 감사한지 모르겠습니다. 원고나 컴퓨터를 의지하는 제가 만일 설교를 하게 되었다면 정말 힘이 많이 들었을 것입니다"라고 말씀하여서 온 성도님들이 크게 웃었다. 참으로 합력하여 선을 이루시는 하나님 은혜를 체험하였다. 하나님은 작은 부분까지도 섭리로 간섭하셔서 하나님의 뜻을 이루어 나가신다. 좋으신 하나님을 믿고 산다는 것이 얼마나 큰 감사인가?

우리는 항상 국가적으로 경제적으로 안보적으로 내일을 알 수 없는 불안한 시대에 살고 있다. 그러나 우리가 하나님 섭리 안에서 말씀에 순종하고 믿음으로 나아갈 때 하나님은 더욱 좋은 내일, 더욱 좋은 삶을 주신다. 우리의 어려움도 화가 아니라 새로운 축복으로 바꿔주셔서 범사가 다 합력하여 선을 이루시는 주님 안에서 승리하기를 바란다.

인도 벵갈루루에
새빛맹인센터를 세우다

　하나님은 이 부족한 종에게 넘치도록 큰 복을 허락
하셨다. 몇 년 전 인도 벵갈루루의 맹인을 위한 집회
를 다녀왔다. 평소에 100여 명이 참석한다고 했는데
300여 명의 시각 장애인이 참석하였다. 예배 후 안수
기도를 원하기에 머리에 손을 얹고 안수기도를 시작
하였는데 놀라운 일은 머리 위에 얹은 내 손을 붙잡
고 놓지 않는 것이었다. 가장 천대받고 멸시받는 시
각 장애인에게 손을 얹어 기도하는 외국인의 손길을
단 1초라도 더 머물게 하고 싶은 그들의 간절한 마음
을 여러분은 헤아릴 수 있겠는가?

　그 사회에서는 지나가다 맹인과 손이 닿으면 저주
받은 손이라고 그 손을 닦아낸다고 한다. 그런데 그
손을 누가 잡겠는가? 오랜 시간 안수기도를 마친 나
는 흐르는 눈물을 주체할 수 없었다. 많은 생각을 하
면서 귀국했다. 이후 인도에서 계속 전화가 오기 시

작했다. 그들을 위한 시설이 필요하다는 것을 알지만 내 능력은 부족하다. 우리의 시설도 어려움에 처한 상황이라 전화를 받지 않았다. 새해가 되어 전화가 또 왔다. 그래서 연초에는 안 받을 수 없어서 받았더니 "목사님! 우리 앞에 건물을 지었는데 맹인한테는 절대로 세를 주지 않는다고 했는데 자금이 부족했는지 연초에 일 년치 세를 한꺼번에 내면 빌려 준다고 합니다. 이것을 놓치면 저희는 다시 장소를 구할 수 없습니다"라고 눈물 젖은 호소를 했다.

하나님께서 나에게 뜨거운 마음을 주셨다. "한화로 얼마가 필요한가요? 235만 원이라고요?" 나는 깜짝 놀랐다. 고희를 훌쩍 넘어 본 첫 손녀의 첫돌 감사 예배를 친척과 지인 몇 분을 모시고 드렸었다. 그때 아들이 "아빠! 선교 좋아하시죠. 축의금은 선교에 쓰세요" 하며 축의금 전액(235만 원)을 주었다. '어디에 선교를 해야 하나?' 하고 책상 서랍에 보관해 두었었다. 6개월 후 235만 원이 필요하다는 전화를 받게 된 것이다.

'하나님! 왜 이렇게 정확하세요? 왜 이렇게 사랑하세요? 밤낮 불평만 하는 부족한 종인데… 하나님! 이

렇게 꼼꼼히 금액까지 정확하게 때를 맞추어서 일을
시작하게 하십니까?'

지난 1월 인도 벵갈루루에 새빛맹인센터가 세워졌
다. 앞으로 계속적으로 후원해야 하는 일이 남아 있
지만 하나님께서 정확하게 때를 맞춰서 이루어 가심
을 믿는다. 하나님께서는 한번 정하시면 절대로 포기
하지 않으신다. 모든 것이 합력하여 선을 이루게 하
신다. "내 평생에 선하심과 인자하심이 반드시 나를
따르리니…" 신실하신 하나님을 날마다 만나는 사랑
하는 모두가 되기를 바란다.

"즐거워하는 자들과 함께 즐거워하고
우는 자들과 함께 울라 서로 마음을 같이하며
높은 데 마음을 두지 말고 도리어 낮은 데 처하며
스스로 지혜 있는 체하지 말라"

로마서 12장 15-16절

제2부

세상의
빛

그리스 철학자 디오게네스가 햇빛이 쨍쨍 내리 비치는 대낮에 손에 등불을 들고 아테네 시를 다니면서 "깜깜하다, 깜깜하다" 외치자 한 사람이 "아! 해가 이렇게 비추는 대낮인데 왜 깜깜하다는 것입니까?"라며 반문하였다. 그러자 그는 "도덕적으로 윤리적으로 인간의 마음이 깜깜하다"라고 외쳤다.

우리는 세상이 영적으로 윤리·도덕적으로 타락하여 어둠 속에 있다고 한탄한다. 최근 미국의 한 대학에서 일어난 총기 사건은 악한 영이 얼마나 많은 생명을 희생하였는가 생각하게 한다. 그런데 이 어둠이 참 빛이신 예수님의 광채를 더욱 찬연히 빛내는 바탕이 된다고 역설적으로 말할 수 있다.

외딴 곳에 홀로 서 있는 등대는 어둠 속을 항해하는 배들을 안전하게 인도하기 위하여 불빛을 비춘다.

만일 등대 불이 꺼져 있다면 항해자들은 목표를 잃고 뱃길을 찾지 못해 어두운 바다 한가운데서 갈팡질팡하거나 좌초될 것이다. 등대의 목적이 빛을 비추는 것처럼 참 빛이신 예수님의 빛을 덧입은 우리도(요 1:9) 받은 빛을 비추어야겠다. 예수님은 제자들을 '세상의 빛'(마 5:14)이라고 부르셨다. 세상의 빛인 기독교인이 빛을 감추고 주위에 반사하지 못한다면 어떻게 내 이웃을 예수님께 인도할 수 있겠는가?

세상 사람들은 예수님의 빛이 왜 있는지, 그 의미가 무엇인지 전혀 알려고 하지 않는다. 물론 그 빛을 보지도 못하고 찾지도 못한다. 우리는 이 세상을 밝히는 빛의 근원이 아니다. 예수님이 비춰 주신 빛을 반사할 뿐이다. 죄로 캄캄해진 세상의 빛이라고 칭함받은 우리가 밝은 빛으로 세상을 비출 때, 내 이웃은 어두운 황원에서 밝은 평원으로 이사하게 될 것이다.

우리가 예수님을 알지 못하는 이웃에게 빛을 발하는 삶을 살 때, 우리 삶은 가장 아름답고 가치 있는 나날이 될 것이다. 또한 내 이웃은 하나님 은혜와 사랑의 햇살 아래에서 살게 될 것이다. 대낮에 등불을 들고 다니지 말고 참 빛이신 예수님의 광채를 덧입어 밝은 빛을 발하는 삶 되기를 바란다.

의미 있는
고난

하갈은 아들을 데리고 광야를 가다가 길도 잃고 가지고 있던 물도 다 떨어졌다. 그는 "자식이 죽는 것을 차마 보지 못하겠다" 하면서 방성대곡할 때 하나님이 하갈의 눈을 밝혀서 예비하신 샘물을 보게 하셨고 그 물을 마신 하갈과 아들은 생명을 회복했다.

예수님은 갈한 세상에 말씀의 생수로 오셔서 메마른 영혼을 살리신다. 이 샘물을 마신 사람은 사탄의 포로에서 풀려나고, 죄에서 건져져 의롭게 되고, 죽음에서 구원받아 영생 길로 인도된다. 우리 주위에는 많은 샘물이 있는데 그 가치를 몰라서 찾지 못한다. 하나님은 택하지 않은 백성인 하갈의 고통을 보셨고 부르짖음을 들어주셨고 말씀의 복은 아니지만 복을 주셨다. 하나님께서 세상에 예비하신 샘물이 바로 예수님이다. 이 귀한 말씀의 샘물을 통해 하나님 은혜와 복이 세상으로 흘러들어가 모든 사람이 변화되어 새로운 삶을 살기를 원한다.

우리는 세상일의 근원을 운명론으로 보지 말고 다윗을 통하여 하나님 섭리를 이해해야 한다. 어떤 일은 꼬일 때가 있지만 하나님 섭리가 개입되면 술술 풀리는 경험을 한다. 왕으로 택함 받은 다윗은 왕위에 앉기도 전에 많은 수난을 당한다. 사울 왕에게는 생명의 위협을 받고 형들한테는 시기를 받고, 왕이 된 후에는 아들한테 배신을 당하기도 한다. 다윗은 꼬인 고난과 역경의 순간에도 하나님 섭리로 하나씩 풀려 간다. 우리가 인생을 살아갈 때 비록 힘들고 어렵고 불가능한 일을 만난 것으로 보여도 '힘들다, 어렵다, 가능성이 없다'라고 말하지 말고, '하나님의 섭리가 내게 임해 주옵소서! 하나님의 섭리대로 도와주시고 풀어 주시고 이루어 주시옵소서!'라고 기도하기를 바란다.

우리는 흔히 순풍에 돛을 달고 항해하듯이 일이 잘 되면 복을 받았다고 하고 일이 꼬이고 힘들고 어려우면 화를 당했다고 한다. 다윗은 "고난 당한 것이 내게 유익이라 이로 말미암아 내가 주의 율례들을 배우게 되었나이다"(시 119:71)라고 고백한다. 다윗은 고난 당할 때 하나님의 능력을, 가족에게 배신당할 때 변함 없는 하나님 사랑을, 힘들고 연약할 때 강하신 하나님을 체험한다. 고난이 없으면 진정한 하나님 백성이 될 수 없기 때문이다.

우리는 천재지변과 불경기로 더욱 힘들고 어려운 시대를 살아가고 있다. 비록 고난이 겹칠지라도 우리를 향하신 하나님의 섭리는 계속되고 있다. 우리가 겪는 고난이 의미 있는 고난이 되어서 화가 복으로 바뀌는 복된 우리가 되기를 바란다.

은혜의
경륜

경륜이라는 말을 정치가는 '백성을 다스린다'로, 경영자는 '사업을 관리한다'는 뜻으로 사용하지만 성경에서는 하나님이 우리 각자에게 소원을 두고 이루어 가고 운영하심을 뜻한다. 그러므로 우리가 가진 소원보다 하나님이 우리를 향하신 소원이 더 크다. 부모가 자녀에게 거는 기대가 자녀가 갖는 소원보다 훨씬 클 것이다.

하나님은 떡 중에서 가장 값싼 '보리떡 한 덩어리'(삿 7:13)에 비유한 기드온을 용사로 만들어 사용하시고, 앞뒤도 없고 낚싯밥에나 쓰이는 '버러지'(사 41:14) 같은 야곱을 '날카로운 새 타작기'(사 41:15)로 만든다고 하셨다. 사도 바울은 교회를 핍박하고 괴롭히던 못된 사람이었는데 하나님께서 회심하게 만들어 주시고 부족함에도 충성되게 쓰셔서 주님의 일을 하게 하시니 모두 하나님 은혜라고 고백한다. 하나님은 무가치하고 쓸모없는 부족한 사람들을 큰 소원을 갖고 새롭게 만들고 쓰기 위하여 이루어 가신다. 기드온, 야곱, 바울 등 모두 하나님 은혜의 경륜에 따라 이루어진 것이다.

하나님의 경륜에는 비밀도 있다. 비밀의 경륜이란 아직 나에게는 이루어지지 않았지만 하나님께서 가장 좋은 길로 만들어 가고 계심을 일컫는다. 하나님은 우리 각 사람에 대한 소원과 계획을 갖고 나의 때가 아닌 하나님 때에 이루어지도록 만들어 가신다. 하나님 때에 찬 경륜(엡 1:9)을 말한다.

예수님이 십자가를 지실 미래의 일들을 가르치셨을 때 베드로는 "주여 그리 마옵소서"라며 만류했다. 베드로를 비롯하여 모든 제자들과 우리의 생각은 같다. 예수님의 능력으로 세상적으로 잘 사는 것이다. 그러나 하나님의 비밀은 따로 있었다. 예수님이 죽으셨기에 부활하셨고 부활하셨기 때문에 오늘날 우리의 귀중한 구주가 되셨고 '만왕의 왕', '주의 주'가 되시고 하나님의 아들이 되신 것이다. 하나님은 나의 영혼이 구원받는 것을 가장 귀히 여기신다. 구원받은 여러분은 하나님께 영광을 돌리며 살기를 바란다.

세상의 직위도 귀하게 여기는데 복음을 전하는 귀한 삶을 사는 우리는 얼마나 귀하고 복된 사람들인가? 모세가 시내 산에서 하나님 말씀을 받았을 때 얼굴에서 광채가 나서 수건으로 얼굴을 가렸다고 말씀했다. 성경은 그리스도가 이 땅에 오신 것은 소중하다고 말씀한다. 우리를 살리기 위해 대신 죽으시고 부활하신 예수님을 구주로 영접한 우리는 소중한 그리스도 때문에 소중한 삶을 살아야 한다. 말씀을 받을 때의 모세처럼 예수님을 영접한 믿음의 가족들은 받은 은혜의 빛을 반사하는 복된 삶 되기를 축원한다.

축복은
낮은 곳에

성경에는 구약과 신약에 각각 두 명의 사울이 나온다. 두 사울은 '크다'라는 의미의 이름을 지닌 사람들로, 인생의 시작은 같았으나 그들이 살아온 인생은 전혀 달랐다.

먼저 구약의 인물인 사울, 그는 왕 된 '큰 자'로서 모든 좋은 여건을 갖춘 사람이었으나 삶의 목표를 높은 곳에 두고 하나님보다 더 높아지고자 하여 결국 자기 칼에 엎드려져 죽고 말았다. 그러나 신약의 사울은 처음에는 세상적인 '큰 자'로서 교회와 예수를 핍박하는 자이었지만 다메섹에서 예수님을 만나고 '작은 자' 바울이 되어 사도의 삶을 살게 되었다.

구약의 사울은 하나님을 낮추고 자기가 높아지려다 버림받았다. 그러나 신약의 사울은 자기를 낮추고 하나님을 높임으로써 하나님이 그를 사용하셨다. 하나님께서는 사도 바울을 통하여 우리에게 어떤 삶을 살기 원하실까?

사도 바울은 "모든 성도 중에 지극히 작은 자보다 더 작은 나에게 이 은혜를 주신 것은 측량할 수 없는 그리스도의 풍성함을 이방인에게 전하게 하시고"(엡 3:8)라고 하였다. 하나님이 우리를 선택하신 것은 하나님을 전하는 도구로 사용하기 위함이라고 말씀하신다.

사도 바울은 "나는 사도 중에 가장 작은 자라"(고전 15:9)라고 하였다. 우리는 늘 남보다 앞선 삶을 성공적 삶이라 생각한다. 하지만 하나님은 자신을 낮추는 삶을 살 때 하나님께서 우리를 높인다고 말씀하신다.

사도 바울은 "죄인 중에 내가 괴수니라"(딤전 1:15)라고 하였다. 그는 한때 교회와 예수를 핍박한 것을 기억하면서 늘 회개의 삶을 살았다. 우리는 사회나 교회, 가정에서 문제를 맞닥뜨리면 모두 남의 탓이라고 생각한다. 그러나 하나님께서는 그 책임을 나에게 묻고 계시며, 회개하기를 원하신다.

인생의 성공은 나의 관점이 아닌 하나님 관점의 낮추어진 삶에서 이루어진다. 하나님은 언제나 교만한 자를 버리고 겸손한 자를 사용하셨다. 우리가 하나님이 원하시는 삶을 살 때에 하나님이 주시는 복이 임할 것이다.

주님의 기쁨
되는 것

하나님이 친히 택하시고 자녀 삼으신 사랑하는 백
성들이 주님 앞에 나아가 기쁨과 감사로 영광 돌리는
그 예배를 열납하시는 하나님 모습을 그려 본다. 얼
마나 좋아하실까?

"왕이신 나의 하나님 내가 주를 높이고, 영원히 주
의 이름을 송축하나이다." 만왕의 왕이신 하나님을
높이고 영원히 송축하는 찬양으로 드리는 예배를 흠
향하시는 하나님을 생각한다. 얼마나 기쁘실까?

"너는 마음을 다하고 뜻을 다하고 힘을 다하여 네
하나님 여호와를 사랑하라"(신 6:5). 우리에게 친히 가
르쳐 주신 말씀을 읽고 들으면서 하나님을 기억하며
마음과 뜻을 다하여 드리는 예배를 받으시는 하나님
을 생각한다. 얼마나 흐뭇하실까?

"나의 품은 뜻 주의 뜻같이 되게 하여 주소서." 하나님이 사랑하는 자녀들이 말씀을 통하여 깨닫고 변화되어 마음에 품은 뜻을 기도로 아뢰는 예배를 받으시는 하나님을 생각한다. 얼마나 뿌듯하실까?

예배는 하나님을 높이는 찬양이 있기에, 하나님을 기억하는 말씀이 있기에, 우리의 마음을 아뢰는 기도가 있기에 하나님이 기쁨으로 열납하신다. 하나님 은혜에 보답하는 최고의 경지가 예배이다.

노아의 홍수라고 칭하는 그 엄청난 홍수 속에서 오직 노아의 여덟 식구만 구원받는 복을 받았다. 노아는 늘 하나님 앞에 제단을 쌓았다. 믿음의 조상이 된 아브라함을 비롯하여 이삭, 야곱도 모두 하나님을 높이고 제단을 쌓았다. 예수님은 성전에 올라가셔서 예배드리는 모습으로 친히 예배의 본을 보여 주셨다. 사도 바울은 동서남북을 다니면서 예배를 드리고 복음 전하는 삶으로 하나님을 기쁘시게 했다.

하나님 은혜에 빚진 우리가 무엇으로 보답할 수 있을까? 봉사, 헌신, 전도, 선교 등 모두 하나님 은혜의 빚을 갚는 아름다운 보답 행위이다. 사도 바울의 고백을 나의 고백으로 삼는 나는 정말로 '죄인 중의 괴수'다. 그래서 평생 지은 죄를 갚기 위하여 '나는 복음의 빚진 자'로서 기회 있는 대로, 인도하시는 대로 복음을 전한다.

우리 모두가 풍성한 성령의 열매를 맺어 복음의 빚을 갚는 자가 되자.

마음의 소원을
거절하지 않으시는 하나님

성경은 "믿음은 바라는 것들의 실상이요 보이지 않는 것들의 증거"(히 11:1)라고 말씀하고 있다. 창세기 37장에 '꿈꾸는 자'라고 불리고 있는 요셉 이야기가 나온다. 우리는 요셉이 꾼 꿈을 볼 것이 아니라 그 꿈을 계시하고 이루어 가시는 하나님의 경륜과 섭리를 볼 수 있어야 한다.

미국 시인 롱펠로는 "꿈이 없는 사람은 망한다. 저속한 꿈을 꾸는 사람은 저질의 사람이 되고 하나님을 향한 고상한 꿈을 가진 사람은 고상한 사람이 될 수 있다"라고 하였다. 꿈은 비전이며 믿음이며 현실이다. 프랑스의 철학자 파스칼이 말한 '생각하는 사람'처럼 가만히 앉아서 명상하는 것이 꿈이 아니다. 안개 속을 헤매는 것처럼 이것 같기도 하고 저것 같기도 한 망상이 아니라 꿈은 현실이다.

선친께서 목회하시던 교회에 믿음으로 아름답게 교제하던 젊은 남녀가 있었다. 두 사람은 결혼을 약속하였지만 여자 쪽 부모님이 그들의 교제를 허락하지 않아 상심한 청년은 미국으로 유학을 떠났다. 청년은 학업에만 전념하며 그 아픔을 견디어 내면서 동부의 명문 대학에서 박사 학위도 받고 취직하게 되어 귀국하게 되었을 때, 지나간 5년을 회상했다. 그는 결혼을 약속했던 아가씨를 생각하며 편지를 썼다. 만일 부족한 나를 아직도 기다리고 있다면 공항으로 마중 나와 달라고….

사실 청년이 미국으로 유학 간 후 아가씨는 마음고생을 많이 했다. 부모님의 권유와 설득이 있었지만 5년이라는 긴 시간 동안 히브리서 11장 1절 말씀으로 약속의 소원을 품고 믿음과 기도로써 기다리는 마음을 가꾸어서 결국 사랑하는 사람과 가정을 이루는 큰 결실을 얻었다고 한다.

꿈은 현실로 이루어진다. 비록 지금 이루어지지 않더라도 간절히 바라고 구할 때 어느새 바라는 그것들이 현실이 되어 내 앞에 이루어지고 있음을 깨닫게 된다.

시편 기자는 "그의 마음의 소원을 들어 주셨으며 그의 입술의 요구를 거절하지 아니하셨나이다"(시 21:2)라고 고백하고 있다. 하나님은 우리의 간절한 기도에 응답해 주신다. 우리들의 꿈과 비전은 현실이 될 것이다.

"무엇이든지 기도하고 구하는 것은 받은 줄로 믿어라 그리하면 너희에게 그대로 되리라"(막 11:24).

만족의
행복

하나님 말씀을 보면 불만족은 불순종을 낳고 불순종은 결국 멸망으로 가는 길이 된다. 그러나 하나님에게서 오는 은혜에 대하여 만족하는 사람은 감사하며 하나님께 영광을 돌린다. 이는 바로 축복의 통로가 된다. 어떻게 하면 축복의 통로가 되는 만족하며 사는 삶이 될까?

우선 만족은 소유를 늘리는 데 있지 않고 욕심을 줄이는 데 있다. 어떤 사람들은 현재 삶에 불만족하더라도 자기 소유가 늘어나면 만족할 수 있을 것이라고 생각할지도 모른다. 그러나 여러분에게 하나님께 받은 축복에 대하여 얼마나 만족하는지 물었을 때 '더 바랄 것 없이 만족합니다'라고 답할 사람은 거의 없을 것이다.

둘째로 만족은 자족하는 데 있지 충족하는 데 있지

않다. 우리는 자신의 욕구가 채워지지 않으면 곧 쉽게 낙심하고 절망한다. 그러나 기독교인들은 영광의 면류관도 쓸 줄 알아야 하고 십자가를 지는 비천에도 처할 줄 알아야 한다. 잘되어도 교만하지 않고 못되어도 낙망하지 않고 자족할 줄 아는 그리스도 안에서의 비결을 배워야 한다.

셋째로 만족은 더 큰 은혜와 축복을 받는 통로가 된다. 사사기에 보면 기드온은 여러 명의 아들을 두었다. 언제나 불만과 불평이 많았던 아비멜렉은 형들을 다 죽이면서까지 왕이 되었으나 그 끝은 참수를 당하는 죽음을 맞았다. 작은 일에 불만을 갖게 되면 화근이 되지만 작은 일에도 감사하면 축복의 통로가 된다.

우리는 남편에 대하여 혹은 아내에 대하여도 서로 불만이 있겠지만 서로서로 부족함을 채워 주자. 그래도 부족한 것은 주님 사랑으로 채우기를 바란다. 토기장이 하나님께 지음 받은 우리는 모든 것에 대하여 만족하며 늘 주시는 은혜와 사랑을 진심으로 감사하면서 하나님께 영광 돌리는 삶 되기를 바란다.

하나님은 아담이 잠든 후에 하와를 만들었다. 만일 아담이 잠들지 않은 상태에서 하와를 만드셨다면 어떤 일이 일어났을까? 요즘 생명과학자들이 똑똑한 자녀를 만들겠다고 하는 것처럼 아담도 하와를 자기가 원하는 사람의 모습으로 만들겠다고 하지 않았을까?

우리는 감사의 날들을 맞고 있다. 하나님 은혜와 사랑을 감사하며 만족하는 축복의 통로가 되기를 바란다.

"내가 궁핍하므로 말하는 것이 아니니라 어떠한 형편에든지 나는 자족하기를 배웠노니 나는 비천에 처할 줄도 알고 풍부에 처할 줄도 알아 모든 일 곧 배부름과 배고픔과 풍부와 궁핍에도 처할 줄 아는 일체의 비결을 배웠노라"(빌 4:11-12).

사람은
의미를 먹고 사는 존재

인간은 스스로 채울 수 없는 공허함을 갖고 있다. 우리 마음속에는 하나님이 만드신 공백이 있는데 이것은 그 어떤 피조물이 대신하거나 채울 수 없고 오직 예수님을 통하여 하나님을 의지할 때 채워질 수 있다.

우리가 최선을 다하는 노력으로 세상적으로 성공했다고 해도 만족은 없다. 마음속에는 항상 허전함이 도사린다. 어떤 사람들은 술, 마약, 쾌락, 물질 등 세상적인 수단을 이용해 보기도 하지만 그 어떤 것으로도 메워지지 않는다. 이것은 오직 예수 그리스도와 성령, 말씀, 하나님 사랑과 은혜, 그리고 하나님이 우리에게 주신 사명으로만 채울 수 있다.

심리학자 빅터 프랭클은 한때 독일 나치 수용소에서 생활했다. 어느 날 빵 한 조각을 얻기 위해 친구끼리 다투다가 죽이는 모습을 보며 인생에 회의를 갖고 자살을 시도하려던 순간에 "내가 오늘 죽으면 내 아내와 자식은 어떻게 되나?" 하는 생각이 마음속에 일어났다. 그는 새로운 각오를 한 후에 먹지 않아도 힘이 났다. 나는 반드시 살아남아야 한다는 신념을 굳히고 어려움을 견디어 냈다. 그 후 그는 "사람은 밥을 먹고 사는 존재가 아니라 의미를 먹고 사는 존재다"라는 글을 썼다. 무슨 일에든지 사명만 있으면 된다. 아내와 자식이 나를 필요로 하기 때문에 내 삶은 허무하지 않다. 무엇인가 해야 하는 사명감이 생길 때 삶의 의욕이 나온다고 그는 심리학자로서 간파했다. 그는 예수님을 영접하고 기독교 심리학자가 된 후 많은 사람에게 예수님을 전했다.

예수님은 당신이 필요하다. 교회는 당신이 필요하다. 복음은 당신이 필요하다. 지금도 예수님은 당신을 쓰기 원하시는데, 왜 여러분은 공허해 하며 허전해 하는가? 골로새서 3장 15절에 "그리스도의 평강이 너희 마음을 주장하게 하라"라고 하셨다. 평강의 원천은 예수님에게서 나온다. 내 마음의 감사, 사랑, 믿음, 은혜, 평강은 그 원천 되시는 주님만 주장하신다. 예수님이 나를 주장하시게 되면 그때부터 하나님께서 우리를 채워 주시는 줄로 믿는다.

믿음의
고백

사도 바울은 참 위대한 고백을 한다. "… 내 몸에서 그리스도가 존귀하게 되게 하려 하나니"(빌 1:20).

바울은 얼마든지 높아질 수 있었다. 그가 기도했을 때 병이 낫는 것은 물론이고 그의 앞치마만 만져도 귀신이 떠났고 독사에 물려도 죽지 않았고 기도하니 옥 터가 움직였고 옥문이 열리고 차꼬가 풀려졌으며 아그립바 왕 앞에서 담대히 진실을 말했을 때 그 누구도 반론할 수 없을 만큼 말씀의 역사가 나타났다.

참으로 능력에 있어서나 행위에 있어서나 말씀에 있어서나 바울을 당할 자가 없었다. 그러나 바울은 살든지 죽든지 그의 몸에서 예수 그리스도가 존귀히 되기만 원했다. 아무리 예수님을 증거하고 목회를 잘한다고 하더라도 무엇보다 바울과 같은 믿음의 고백을 남길 수 있는 목회자가 많았으면 하는 바람을 가

또 하나의 눈

져본다.

인간을 헬라어로 안드로포스(anthropos)라고 하는데 이는 '위를 우러러 보는 자'라는 뜻이다. 재주를 부리는 영특한 개일지라도 개는 땅만 보고 다닌다. 먹을 것을 찾기 위해서다. 높이 나는 독수리도 높은 상공에서 먹이를 찾기 위해 땅만 내려다본다. 넓은 바다의 갈매기들은 물속의 고기는 볼 줄 알아도 하나님은 바라보지 못한다. 오직 사람만 하나님을 높이고 바라본다. 하나님을 높이며 사는 삶은 참 아름답고 존귀하다.

사도 바울은 자신의 명예를 얻기 위하여 뛰어다니지 않았다. 시편 91편 14절의 "그가 내 이름을 안즉 내가 그를 높이리라"라는 말씀처럼 마음으로 주님만 높이고 주님만 자랑하고 주님만 앞세우고 증거하는 헌신된 삶이었다.

때때로 우리는 주님 은혜로 많은 축복을 받았는데 자기 노력의 대가라고 잘못 판단하여 스스로를 높이려다가 인정도 받지 못하고 오히려 마음의 상처만 입고 괴로워하는 사람들을 목격하게 된다. 혹 그런 사람이 있다면 이 시간 주님 앞에 모든 것을 내려놓고 주님만 높이기를 바란다. 주님은 당신을 위로하여 주실 뿐 아니라 오히려 높여 주실 것이다.

"내 몸에 예수님의 흔적이 있습니다. 예수님의 십자가 외에는 결코 자랑할 것이 없습니다"라고 고백한 바울처럼 뜨거운 믿음의 고백을 할 수 있는 모두가 되기를 바란다.

감사의
삶

어느 날 세계 각처의 새들이 모여 총회를 열었다.
총회 주제는 '어떻게 감사할까?'였는데, '우리는 감사
합니다'로 결의되었다. 그 이유는 '땅에서는 사자, 호
랑이가 힘이 세다고 왕노릇하지만 날개가 없고, 바다
에서는 고래, 식인상어가 큰 덩치를 자랑하지만 또한
날개가 없다. 하나님께서 오직 우리 새들에게만 날개
를 달아주셔서 산과 강, 들과 골짜기 등 그 어디든지
날아다닐 수 있으니 얼마나 감사한가? 따라서 우리
는 하나님께 감사해야 한다'였다. 이어서 새들은 말
로만 감사하다고 하지 말고 각자 감사 찬송을 부르
는 것이 어떠냐고 제의하자 모두 찬성하였다. 누군가
"그럼, 누가 제일 먼저 감사 찬송을 부를까요?" 하자
하루살이가 내가 제일 먼저 부르겠다고 하고 "내일
일은 난 몰라요 하루하루 살아요…" 감사 찬송을 부
르니 학이 얼굴이 벌개지면서 도전을 받았다. '아니,
하루밖에 못 사는 하루살이가 감사하다고 하는데 나

는 삼천 년도 살 수 있는데…' 하면서 "길이 살겠네 나 길이 살겠네 저 생명 시냇가에 살겠네…"라며 찬송하였다고 한다.

우리 육신도 호흡의 양면이 있어야 건강하다. 숨을 내쉬고 들이쉬어야 건강한 삶을 살 수 있다. 숨을 내쉬기만 하든가 들이쉬기만 하면 죽는다. 나는 출세도 했고 돈도 잘 벌고 여러 가지 일로 바쁘다고 숨을 내쉬기만 할 수는 없다.

육신의 건강도 양면의 호흡이 있듯이 영혼의 건강도 양면의 감사가 있어야 한다. 예를 들어 좋은 일이 생기면 '감사합니다'라고 하다가 조금 어려움이 생기면 '하나님이 계신가? 안 계신가? 이렇게 어려운데 하나님은 무엇 하고 계시지?' 하고 의심하고 원망 불평하면 안 된다. 기쁜 일 좋은 일이 있을 때 감사하고, 비록 어려운 일이 있을 때에도 이런 시련으로 연단하셔서 성숙하게 하시는 하나님이심을 깨닫고 감사할 수 있는 심령이 되어야 한다. 양면에 감사하면 영혼이 건강하게 된다. 감사하는 삶에는 버릴 것이 없다. 하나님의 눈은 잘나고 똑똑한 사람이 아닌 고난에 빠진 나를 보시며, 고난 중에 울부짖고 간구하는 자에게 귀를 기울이신다는 것을 잊지 말기를 바란다.

이스라엘 백성이 출애굽하여 광야생활을 할 때에 비록 많이 불평했지만 그들에게 만나를 주시고 반석을 쳐서 물을 주신 하나님께 감사했을 때 자꾸 감사의 조건을 주시면서 연단하셔서 가나안까지 인도하셨다.

우리는 어렵고 불확실한 시대를 살아가고 있다. 오직 하나님 말씀 안에 숨겨진 축복의 비밀을 캐내어 이웃에게 나누어 주자. 그리고 항상 감사하는 복된 우리가 되기를 바란다.

다시 일으켜
세우시고

호세아 6장 2절은 예수님이 넘어진 자를 다시 일으켜 주실 것을 예언하고 있다. 예수님이 십자가를 지고 가실 때에 많은 사람들이 희롱하였다. 남을 구원하면서 네 자신도 구원하라고 조롱하였다. 예수님은 십자가에서 사망 권세를 이기고 부활하셔서 넘어진 자를 오히려 일으켜 주시고 하나님의 아들이 되신 것을 볼 수 있다.

시각 장애인 어른 중에는 앉았다가 일어날 때에나, 조심조심 길을 갈 때에도 지팡이를 사용하고 있는 분이 계시다. '어떻게 그렇게 지팡이를 짚고 일어나시고 걸어갈 수 있습니까' 하고 여쭈어보면 "지팡이 없이는 꼼짝도 못하죠. 지팡이가 내 힘이 되어주고 있죠"라고 답한다. 지팡이가 일으켜주는 것이 아니고 지팡이를 의지하는 힘이 일으켜 주는 것이다. 하물며 살아 계신 우리 하나님을 믿고 의지하면 앉았다가도 일어나고 절망 속에서도 일어날 수 있다.

지팡이를 의지하고도 일어나는데 살아 계신 하나님을 의지하고 믿음으로 살아갈 때에 우리는 언제든지 다시 일어날 수 있다. 지난 몇 개월 미주 지역 여러 도시를 다니며 집회를 했다. 어느 곳을 가든지 경기 침체 속에서 교회도 가정도 사업도 다 힘들어 하셨다. 비어 있는 가게들, 한산한 백화점엔 활기가 없어 보였다. 나는 기도하며, 호세아의 예언이 다시 떠올랐다. 제 이틀에 다시 살고 제 삼 일에 다시 일으키신다고 한 호세아의 예언이 어려움을 겪고 있는 하나님의 백성들에게 크게 힘이 되는 양식이 되어 주리라 믿는다. 또 우리가 세상적인 위로의 말씀은 들어도 힘이 안 되지만 한 마디 하나님 말씀은 큰 힘이 됨을 믿는다.

중국인 디스크 환자가 치료를 받기 위해서 여기저기 돌아다니다가 병원을 찾아가게 되었다. 병원은 병자들이 있는 집이다. 병을 가진 사람들의 집인데 병자들이 있는 집에 가면 병이 더 나빠지면 나빠졌지 고쳐질 것 같지가 않더란다. 다시 이곳저곳 두리번거리다 보니까 의원이라는 간판이 보였다. 한문으로

'의'는 고칠 '의'자이다. 아! 고치는 집. 그렇지 병이 있는 집보다 고치는 집(healing center)이 낫지… 그래서 의원에 가서 치료를 받았다는 체험적인 간증을 들은 적이 있다.

하나님은 고치는 집이다. 다시 일으키시고 우리를 세우시는 하나님이다. 기도하는 하나님의 사람들은 반드시 일어날 줄로 믿는다. 가족도, 사업도, 건강 문제도, 제단도 다시 일어나게 해주실 줄 믿는다. 우리를 향한 호세아의 예언이 우리 생활 속에 심어지기를 예수님 이름으로 축원한다.

두려움 대신
믿음을

심리학자 칼융은 사람에게는 네 가지의 두려움 즉, 해를 받을까 하는 두려움, 일이 실패할까 하는 두려움, 장래에 불행한 일이 생길까 하는 두려움, 그리고 죽음에 대한 두려움이 있다고 했다. 일생을 살아가는 동안 두려움이 없는 사람은 한 사람도 없다.

다윗은 참 많은 두려움에 휩싸인 생애였다. 장인인 사울은 다윗을 죽일 기회만 노렸다. 아들 압살롬도 왕이 되겠다고 배신한다. 블레셋은 자꾸 침범하고, 내우외환! 말 그대로 안팎으로 겹겹이 둘러싸인 두려움의 삶이었다. 그러나 다윗은 "사망의 음침한 골짜기로 다닐지라도 해를 두려워하지 않을 것은 주께서 나와 함께하심이라 주의 지팡이와 막대기가 나를 안위하시나이다"(시 23:4)라며 두려움을 물리쳤다. 두려움은 오직 믿음으로만 극복할 수 있다는 것이다. "천만인이 나를 에워싸 진 친다 하여도 나는 두려워

하지 아니하리이다"(시 3:6)라고 다윗은 고백한다. 주
께서 함께하심을 믿기 때문이다.

우리 일생에 최고의 장애가 무엇일까? 육신의 장
애도, 사업의 실패도, 건강의 불안정도 아니고 두려
움을 갖는 마음이다. 몽테뉴는 '우리가 가장 두려워
하는 것은 두려움을 갖는 마음'이라고 역설했다. 두
려움이 있으면 절대로 행복해질 수 없다. 하나님은
우리에게 두려운 마음을 주시는 분이 아니다(딤후
1:7). 또한 재앙이 아니라 평안과 미래와 희망을 주시
려고 생각하는 분이다(렘 29:11). 우리는 구하고 부르
짖어야 한다. 하나님은 우리에게 평안과 밝은 미래
와 희망을 주시려고 기다리고 계심을 믿고 부르짖고
구해야 받는다.

오늘까지 우리가 살아온 것도 내 스스로, 내 힘으
로, 내 능력으로 살아온 것이 아니다. 여호와 삼마, 여
호와 이레, 여호와 닛시, 때로는 에벤에셀 하나님을
체험하며 살아온 것이다. 참 좋으신 하나님 앞에 부르
짖으시기를 바란다. 왜 아직 응답이 없을까? 하나님
은 "비록 더딜지라도 기다리라 지체되지 않고 반드시
응하리라"(합 2:3)라고 말씀하신다. 미리 준비하시는

여호와 이레의 하나님 앞에 간구하고 부르짖을 때 우리를 향한 하나님의 놀라운 계획을 알게 하실 것이다. 나의 계획과 방법과 뜻을 하나님 앞에 겸손히 내려놓을 때 하나님의 계획을 말씀해 주시리라. 우리를 사용하기를 원하시는 하나님이 친히 인도하실 것이다.

믿음으로 두려움을 물리치고 하나님께 부르짖어 간구하기를 소원한다. 우리를 향한 하나님의 놀라운 계획의 음성을 들으시는 복된 나날이 되기를 바란다.

쓰임 받는
유익

　사람은 존재가 중요한 것이 아니라 어떻게 사느냐가 중요하다. 특히 기독교인은 예수님으로 인하여 되어져 가는 삶, 쓰임 받는 삶이 되는 것이 중요하다. 어떤 사람은 같은 잘못을 반복하는가 하면, 비록 한번 잘못했더라도 어떤 계기가 전환점이 되어 완전히 새로운 삶을 시작하는 사람도 있다.

　키프리아누스는 마술사로서 한때 기독교를 적대시하였으나 성령을 받은 것이 계기가 되어 교회의 아버지라는 칭송을 받게 되었다. 그는 교회 외에는 부흥이 없다 하여 많은 교회를 부흥시키는 일을 하고 하나님께 크게 쓰임받는 사람이 될 수 있었다.

　우리는 시간의 흐름 속에 살고 있다. 성경에서는 시간이 호라와 헤메로 표현되고 있다. 헤메로 쓰이는 시간은 자연적으로 흘러가는 것, 어떤 결정적인 일이 아니라 그냥 지나가는 쓸모없는 무익한 시간을 말한다. 창세기에 969년을 산 므두셀라가 나온다. 그는 그냥 살면서 먹다가 자녀를 낳고 죽었다(창 5:25~27)고 했다. 하나님께 영광을 돌렸다거나, 전도를 했다거나, 하나님을 기쁘게 해드렸다거나 하는 내용이 하나도 없다. 흘러가는 물처럼 그냥 지나가는 삶을 살았다. 정말 무익한 삶이다.

우리가 오래 산다고 변화되는 것은 아니다. 연주생활을 오래 했다고 훌륭한 연주자가 되는 것이 아니듯 말이다. 우리는 주어진 삶을 살면서 하나님 앞에 쓰임 받는 유익한 삶을 살아야 한다. 그냥 살아가는 시간이 아닌 예수님을 구심점으로 하여 새로운 삶을 사는 시간인 호라가 되어야 한다.

호라로 표현되는 시간은 창조적인 시간을 말한다. 하나님께 영광을 드리는 삶으로 변화를 받았다던가, 어떤 새로운 결심을 했다던가, 또는 새로운 목표를 설정했다던가 등 창조적인 삶을 살아가는 것을 호라라고 한다. 어떤 계기를 전환점으로 삼아 변화된 삶을 사는 호라를 소유하기 바란다.

나의 존재가 중요한 것이 아니라 지금 하나님 앞에 나는 어떻게 쓰임 받고 있는지 다시 한번 생각하자.

감사하면

"이는 모든 것이 너희를 위함이니 많은 사람의 감사로 말미암아 은혜가 더하여 넘쳐서 하나님께 영광을 돌리게 하려 함이라"(고후 4:15).

우리가 하나님께 감사하면 주께서 더욱더 은혜를 넘치게 주셔서 감사가 충만하므로 하나님께 더 큰 영광을 돌리게 된다고 사도 바울은 고백한다.

바울은 무엇이 감사할까? 감옥에 갇힌 것이 감사한가? 복음을 전하려다 매 맞는 것이 감사한가? 그는 복음을 전하다 자유주의자들이나 스토아 학파들이 괴롭히고 훼방을 놓고 심지어 죽이겠다고 협박하고 무엇 하나 감사할 것이 없었다. 설상가상으로 평생 안질과 간질의 발작 때문에 참으로 그가 감사할 조건은 하나도 없었다.

그러나 바울은 사방으로 우겨쌈을 당하여도 싸이

지 아니하며 답답한 일을 당하여도 낙심하지 아니하며 박해를 받아도 버린 바 되지 아니하며 거꾸러뜨림을 당하여도 망하지 아니함은 다 하나님 은혜라고 하나님께 영광을 돌린다. 하나님께서 바울의 그 믿음의 고백을 보시고 그를 높여, 복음 사역에 큰 일꾼으로 사용하셨다. 원망은 어리석은 자의 것이요, 감사는 축복을 불러오는 지름길이다. 감사하면 육신도 건강하고 질병도 회복될 수 있고 장수하게 된다.

감사하면 마음의 평안이 오고 마음의 평안이 오면 두려움이 없어지고 두려움이 없어지면 의심이 없어지고 의심이 없어지면 바로 믿음이 생기기 때문에 항상 기뻐하고 항상 감사하면서 살게 된다. 히브리어로 '감사'를 '토다'라고 하는데 모든 것이 다 하나님에게서 온다는 뜻이다. 그래서 감사하면 육신의 건강도 장수도 다 하나님에게서 오는 것이기 때문에 우리는 기쁨과 감사로 행복한 삶을 살아갈 수 있게 된다.

성경에서도 믿음의 선진들을 보면 감사함으로 살다 죽음을 보지 않고 들림을 받았고 모세는 120세가 되어도 눈이 총총하고 기력이 왕성했으며, 갈렙도 84세에 기력이 왕성하였다고 했다. 가까이는 나의 부친 목사께서도 강건하게 사시다가 96세에 하나님께 부름 받았다.

이 감사의 계절에 감사함으로 누리는 축복을 받고 건강하고 장수하며 행복하기를 바란다. 항상 생활 속에서 하나님을 높여드리자. '왕이신 나의 하나님! 내가 주를 높이고…' 하나님을 높이고 영광을 드린 다윗의 삶의 고백이 우리의 고백이 되기를 예수님 이름으로 축원한다.

순종과
딜레마

"사무엘이 아침까지 누웠다가 여호와의 집의 문을 열었으나 그 이상을 엘리에게 알게 하기를 두려워하더니"(삼상 3:15).

하나님은 우리에게 비상한 방법으로 말씀하시지 않는다. 따라서 우리는 하나님의 방법을 오해하기 쉽다. '정말 이것이 하나님의 음성일까?' 하고 자문해 보기도 한다. 이사야 선지자는 주님이 자기에게 '강한 손으로' 말씀하셨다고(사 8:11) 고백한다. 이 뜻은 환경의 압력으로 말씀하셨다는 것이다. 즉 우리 삶은 하나님 섭리 없이는 이루어지지 않는다는 것이다. 그러면 우리는 현재의 환경 속에서 하나님의 강한 손길을 느끼고 있는지 아니면 모든 일이 그냥 일어나고 있는지 생각하는 시간이 되기를 권한다.

우리는 "여호와여 말씀하옵소서"(삼상 3:9)라고 말

하는 버릇을 가져야 한다. 그러면 우리 삶은 풍성해질 것이다. 환경의 압박 즉, 고난을 받을 때마다 "주여 말씀하옵소서"라고 말하고 주의 음성에 귀를 기울이기 바란다. 고난은 우리에게 "주여 말씀하옵소서"라고 말할 수 있는 경지로 우리를 이끌어 간다. 우리가 고난 받았을 때 하나님께서 말씀하셨던 것을 상기해 보기 바란다. 그때 하나님이 하셨던 말씀을 잊어버리지는 않았는가? "평강의 하나님이 친히 너희를 온전히 거룩하게 하시고 또 너희의 온 영과 혼과 몸이 우리 주 예수 그리스도께서 강림하실 때에 흠 없게 보전되기를 원하노라"(살전 5:23).

사무엘은 하나님이 보여 주신 것을 엘리 제사장에게 알게 하기를 두려워한 것처럼 우리는 각자의 엘리에게 하나님이 보여 주신 것을 말해야 할까 말까 하는 딜레마에 빠질 때가 있을 것이다. 물론 하나님은 사무엘에게 엘리에 관한 메시지를 전하라고 명하진 않으셨다. 사무엘이 스스로 결정한 문제였다. 우리를 부르신 하나님의 소명은 우리 각자의 엘리에게 상처를 줄 수 있다. 그러나 다른 사람의 생애에 고통을 주는 일을 막으려 하면 우리 각자의 영혼과 하나님과의 사이에 장애가 생기게 될 것이다. 하나님이 우리 스스로 주님 앞에서 결정하라고 한 일에 대해서는 다른 사람의 조언을 받을 필요가 없다며 바울은 "내가 곧 혈육과 의논하지 아니하고"(갈 1:16)라고 말한다. 하나님 말씀에 대하여 딜레마 없이 순종하는 지혜를 갖는 우리가 되기를 바란다.

믿음과
현실

가난을 유산으로 받은 한 젊은 가장이 환경이 아주 조악한 곳에 살고 있었다. 어느 날 꿈속에서 소원 담당 천사를 만나게 되어 소원을 말했다.

"천사님! 저는 가난을 대물림 받아 우범 지역의 판잣집에서 살므로 자식도 잘 기를 수 없고 아내한테도 너무 미안해요."

"무엇을 원하느냐?"

"전쟁도 다툼도 없는 곳에 정원이 있는 큰 집을 짓고 좋은 직장에 다니면서 사랑하는 아내와 자식을 잘 기르면서 행복하게 살 수 있는 곳을 소개해 주세요!"

"그런 곳이 있으면 내가 살지 너를 주겠니?"

사람에게는 누구나 이상이 있다. 하나님은 이사야서 11장에서 "표범이 어린 염소와 놀고 사자가 풀을 먹고 어린 아이가 독사의 굴에 손을 넣는다"라고 말씀한다. 하나님은 좋은 예언을 많이 해주셨는데 현실은 그렇지 않다. 우리는 위대한 구원을 받았는데도 불구하고 여전히 환난과 어려운 일을 당하면서 산다. 우리는 어려운 중에도 하나님 사랑을 체험하게 되고 예수님만 의지하게 되어 열심히 살지만 때로 낙심하고 절망하게 된다. 그러나 살다 보면 불가능했던 일들이 어느새 하나 둘 이루어져 있다. 예수님이 하신 일 중에서 중요한 일은 예언의 성취이다. 주님을 통해 모든 예언들이 한 획, 두 획씩 이루어지고 있다. 따라서 우리는 각 사람에게 예언한 하나님 말씀을 각자의 예언으로 받아들여야 된다.

성경을 상고하면 "노아야! 너 방주를 지어라, 너와 네 가족을 다 구원해 줄게!", "다윗아! 너를 존귀하게 만들어 영광을 받으며 살게 해줄게!", 히스기야 왕이 "나 죽게 됐어요. 살려주세요!" 하자 "알았다, 15년 연장해줄게!" 하며 말씀대로 해주셨다. 영국 국립공원에 열두 그루의 나무를 심어 놓고 한 나무에는 '가룟 유다'라는 푯말을 붙여놓았단다. 그 나무 앞을 지나는 사람마다 "저 가룟 유다! 예수님 팔아먹은 나쁜 놈"이라고 저주하고 침을 뱉고 지나갔다. 다른 나무들은 다 싱싱하게 잘 자랐는데 '가룟 유다'라고 푯말을 달았던 나무는 말라 죽었다고 한다.

하나님은 '허황된 예언을 하지 말고 좋은 예언을 전파하라'라고 말씀하셨다. 우리는 늘 좋은 예언을 하면서 살아야 한다. 우리의 언행이 하나님 말씀에서 나온 것은 그대로 현실로 다가오게 되어 있기 때문이다. "그러므로 생명을 사랑하고 좋은 날 보기를 원하는 자는 혀를 금하여 악한 말을 그치며 그 입술로 거짓을 말하지 말고"(벧전 3:10). 서로 좋은 예언을 하며 행복하게 지내는 모두가 되기를 바란다.

나의 소원이
하나님 소원 되기를

우리는 이 세상에 태어나서 일생을 마칠 때까지 하는 일에 관한 것이나 때에 관한 것, 또는 의미에 관한 것 등 여러 가지 일들을 겪고 산다.

이스라엘 백성들은 애굽에서 노예생활을 했다. 자기들은 압제 아래서 땀을 흘리며 고역으로 괴롭게 살아가는데 애굽인들은 궁전에서 화려한 옷을 입고 궁정을 거닐며 편안하게 살았다. 얼마나 분하고 힘이 들겠는가? 깊은 좌절과 절망 속에서 '우리는 평생 이렇게 살다가 이 모양으로 죽는 수밖에 없구나!' 탄식하며 부르짖을 때 하나님은 그 신음 소리를 들으시고 아브라함과 언약했던 것을 기억하시고 구원해 주셨다. 바벨론에 포로로 잡혀간 유다 백성들에게 하나님은 침묵하셨다. 특히 제사장이 되기도 전에 붙들려 온 에스겔은 성전도 없는 이방 땅에서 얼마나 힘이 들었겠는가? 그발 강가에 서서 하나님만 바라보는 에스겔에게 드디어 하나님은 하늘 문을 여시고 그에게 이상을 보여 주셨다.

우리는 때로 어떤 상황에 빠졌을 때 운명론에 빠지기 쉽다. 우리의 삶은 이미 결정되어 있기 때문에 우리 일생은 이렇게 끝날 수밖에 없으며 우리의 힘으로는 헤어날 수 없다고 생각한다. 따라서 운명론에 빠진 사람들은 좌절하기 쉽고 무기력하게 되고 자기를 절망 속으로 빠져들어 가게 하는 수밖에 없다.

그러나 하나님의 섭리를 믿는 사람들은 하나님이 이루어 주셨고 이루어 가실 것이라고 믿기 때문에 새로운 믿음과 소망을 가지고 살아갈 수 있다. 우리는 믿음의 인내가 필요하다고 하는데 왜 필요할까? 인내는 쓰지만 열매는 달다는 것을 알기 때문이다. 특히 하나님 백성들은 하나님의 섭리와 경륜의 의미를 분명히 깨닫고 알아야 한다. 섭리는 하나님이 계획을 세우는 것이며 경륜은 하나님이 이 일들을 운영해 가시는 것을 의미한다. 어떻게 운영하는가? 예정하심과 예지하심과 인도하심으로 운영해 간다.

하나님의 섭리와 경륜을 믿는 우리 믿음의 백성들

은 어떤 고난과 어려움 속에서도 운명론에 주저앉지 말아야 한다. 하나님 섭리의 자녀답게 새로운 소망과 꿈과 비전을 가지고 자포자기하지 말아야 한다. 불완전한 우리는 예수님 앞에 모든 것을 내려놓고 필연적으로 올 내일을 바라보고 믿음으로 승리하며 살아가기를 하나님은 바라고 계신다. 우리의 소원보다 우리를 향한 하나님 소원이 더 크기 때문이다. 우리의 소원이 하나님 소원이 되시기를 축원한다.

비전과
꿈의 사람

성경에 보면 과거의 사람이 있고 미래의 사람이 있다. 과거의 사람은 낡은 옷을 입고, 낡은 신발을 신고, 낡은 차를 타고, 낡은 집에 살아서가 아니라 미래에 대한 꿈과 비전이 없는 사람이 그런 사람이다. 미래의 사람은 새로운 삶에 대한 비전과 꿈을 가진 사람이다.

하나님은 언제 어느 때나 과거의 사람을 쓰시지 않는다. 새로운 꿈과 비전을 갖고 창조적인 삶을 사는 사람을 사용하신다. 성경에서도 아브라함은 이삭에게, 이삭은 야곱에게, 야곱은 열두 아들에게 미래에 대한 새로운 꿈과 비전을 갖고 살도록 기도해 주면서 자녀들을 꿈의 사람으로 키운 것을 볼 수 있다.

하나님은 우리에게 말씀으로 꿈과 비전을 주시고 또한 어떻게 이루어가야 할지 깨닫기를 원하신다. 하나님이 주신 비전은 우리의 노력으로 성취할 수 없다. 하나님에 대한 믿음을 실생활에 적용하지 않으면 아무 쓸모가 없다. 하나님은 우리를 외적인 어떤 환경이나 상황 가운데서도 순종하는 모습으로 우리의 내적 품성을 빚으시고 주신 비전에 걸맞게 하신다.

특히 요셉은 자신의 비전이 하나님에게서 나온 것임을 명확히 알고 말씀을 따라 분별하고 실천하는 삶을 살았기에 하나님을 향한 꿈의 사람이 될 수 있었다. 비록 그의 상황이 나쁠지라도 또한 실패했을지라도 옥에 갇혔을 때에조차 그는 하나님을 향한 믿음을 잃지 않았기에 미래의 꿈을 이룰 수 있었다.

하나님을 기쁘시게 하는 방법은 믿음이다. 사도 바울은 하나님께서 믿음으로 주신 비전이 이루어질 것을 소망하며 주 안에서 항상 기쁨으로 어려움을 이겨냈음을 빌립보서로 알 수 있다. 로마 감옥에 투옥된 환경에서도 주 안에서 항상 기뻐하라고 말할 수 있는 것은 주님을 신뢰하기 때문이다. 바울 사도는 예수님이 함께하심을 믿기에 담대하게 예수님을 전할 수 있었다. 하나님은 우리에게 꿈과 비전을 주시고 하나님 섭리에 따라 이루어 나가신다. 비전은 우리를 바로 잡고 바로 세우며 우리의 잠재성을 폭발시킨다. 비록 더디어도 인내하며 하나님이 주신 비전이 현실로 이루어지는 미래의 믿음의 가족이 되기를 축원한다.

지식인가,
지혜인가

열왕기상 3장을 보면 두 여자가 한 아기를 두고 서로 자신의 아들이라고 주장한다. 아무도 진실을 아는 사람이 없고 증거도 없어서 누구도 거짓 엄마와 친엄마를 가려내 줄 수 없다. 두 여자만 알 뿐이다. 그들은 왕 앞으로 갔다. 오늘날의 민사 재판이라고 할까?

솔로몬 왕은 두 여자의 언쟁을 듣고 난 후 칼로 아이를 둘로 나누어 반쪽씩 주라고 명한다. 어쩌면 칼은 마지막에 쓸 수 있는 방법인데 처음부터 칼로 아이를 둘로 나누라는 것은 지나치지 않았나 할 수 있다. 그러나 "하나님의 말씀은 살아 있고 활력이 있어 좌우에 날 선 어떤 검보다도 예리하여 혼과 영과 및 관절과 골수를 찔러 쪼개기까지 하며 또 마음의 생각과 뜻을 판단하나니 지으신 것이 하나도 그 앞에 나타나지 않음이 없고 우리의 결산을 받으실 이의 눈앞에 만물이 벌거벗은 것같이 드러나느니라"(히 4:12~13)

라고 하였다.

다윗은 전쟁에 나가서 백전백승하여 백성들에게 존경과 권위를 인정받았지만 솔로몬은 지혜로 백성들에게 존경받았다. 솔로몬은 하나님 앞에 일천 번제를 드렸다. 기도 후에 하나님께서 "솔로몬아! 무엇을 원하느냐?" 말씀하신다. 여러분은 하나님께서 무엇을 원하느냐 물으시면 무엇을 구하겠는가? 부귀와 영화? 솔로몬은 지혜를 구했다. 그는 하나님께 지혜만 얻은 것이 아니라 부귀와 영화도 얻었다. 사실 사람이 배워서 얻는 것은 지식이고, 하나님 마음을 받아들이는 것 또는 하나님의 은혜와 위로와 삶 속에서 체험하는 것이 참다운 지혜이다.

하나님의 지혜로는 모든 것을 다 감당할 수 있다. 하나님의 능력이 임재하기 때문이다. 하나님 말씀을 우리 마음에 심어 놓을 때 우리는 하나님의 능력으로 우리에게 맡겨진 직분이나 지위는 물론이고 우리의 기도 제목도 다 은혜 안에서 이루어진다. 하나님이 주시는 지혜를 마음에 담고 사모하는 삶을 살아가는 우리들이 되기를 바란다. 좋은 가을에 하나님의 지혜를 받아 모든 일에 하나님의 능력을 체험하는 복된 자가 되기를 바란다.

빛의
자녀 되기

태초에 하나님이 천지를 창조하실 때 제일 먼저 만드신 것이 빛이다(창 1:3). 빛은 생명의 근원이다. 빛이 없으면 생명은 존재할 수 없다. 하나님이 빛이시고 (요일 1:5) 예수님도 빛이시므로 하나님을 믿는 우리는 자연히 빛의 자녀가 된다. 세상에는 밤과 낮이 있다. 햇빛이 있으면 그늘이 따라오듯 영적으로 밝게 사는 빛의 자녀가 있고 어둡게 사는 어둠의 자녀가 있다. 요한복음에서 예수님은 자신이 세상의 빛이므로 자신을 따르는 사람은 어두움 가운데 헤매지 않을 뿐만 아니라 생명의 빛을 얻는다고(요 8:12) 말씀하신다.

이스라엘 백성이 애굽을 나와 광야생활을 할 때 하나님이 불 기둥으로 인도해 주셨기 때문에 길을 잃지 않고 하나님이 주시는 가나안 땅에 들어갈 수 있었다. 빛이 있으면 길을 헤매지 않는다. 하나님의 자녀인 우리에게 가장 필요한 것은 무엇인가? 우리를 바른 생명의 길로 인도하는 빛이다. 하나님이 빛 가운데 계신 것같이 우리도 빛 가운데 거하면 아무것도 감출 수 없는 상태가 된다. 빛 가운데 거하면 어둠에 속한 모든 것이 빛의 중심으로 나아가게 된다.

언젠가 소개한 시각 장애인 사회에서 있었던 이야기이다. 개인 수업을 받는 한 시각 장애인에게 선생님이 "오늘은 비바람이 불고 몹시 깜깜하니 이 등불을 들고 가거라" 하였다. 시각 장애인 제자는 "선생님! 저는 등불이 필요 없고 늘 다니던 길이니 조심해서 갈게요" 하였다. 선생님은 "너는 조심스럽게 갈 수 있겠지만 마주 오는 사람과 부딪힐 수도 있으니 이 등불을 들고 가면 너를 피해 가지 않겠니?" 하였다. 하지만 제자가 등불을 들고 가는데도 마주 오는 사람과 부딪히고 말았다. 그는 상대방에게 "나는 시각 장애인이라 이 등불을 들고 가는데 당신은 왜 나를 피해 가지 않았소?"라고 물었다. 그러자 상대방은 "당신의 등불이 꺼져 있으니 내가 어떻게 알겠소?"라고 하였다.

꺼진 등불은 아무 소용이 없다. 달이 햇빛을 받아 땅을 밝게 비춰 주듯이 우리는 빛의 자녀답게 우리가 머무는 곳에서 조명 받은 예수님의 빛을 반사해야 한다. 백 개의 꺼진 등불보다 백 개의 꺼진 교회보다 하나의 켜진 교회와 성도가 이웃을 밝힐 수 있다.

여러분은 꺼져 가거나 꺼진 등불이 아니라 영원히 타오르는 빛에 믿음을 세워 나가는 자녀가 되기를 소원한다.

확신과
확인

부활하신 예수님이 제자들 앞에 나타나셨다. "평안
할 지어다." 제자들은 깜짝 놀랐을 것이다. 그러나 도
마는 의심이 생겼다. 예수님은 도마의 의심을 아시고
못 자국과 창 자국을 만져 보라고 하셨다. 만지고 난
도마는 고백한다. "나의 주시며 나의 하나님이십니
다."

이에 예수님은 말씀하신다. "너는 본고로 믿느냐
보지 못하고 믿는 자가 복되도다."

도마가 고백한 것은 확신이 아니라 확인이다. 누가
보고도 믿지 못하겠는가? 보지 않고도 믿는 것이 믿
음이다. 최근 스페인의 마드리드 시내버스에 이런 광
고문이 붙었다고 한다.

"하나님은 아마 실존하신 분이 아닐 것이다. 그러
니 당신의 삶을 즐기십시오." 이 문구에서 문제 되는
단어가 둘 있다. '아마'와 '즐기라'이다.

하나님은 아마 실존하지 않을 것이다. 즉 하나님은 안 계실지도 모른다. 그렇다면 이는 불확실한 것이다. 하나님은 계실 수도 있다는 뜻 아닌가? 이 불확실한 사실을 믿고 영원한 삶을 맡기고 사는 삶이 얼마나 어리석고 잘못된 삶인가?

또 다른 단어 '즐기라'는 인간이 제일 좋아하는 단어다. 즐긴다는 것은 자기가 원하는 것을 최대한 누리는 것을 의미한다. 즐기는 것은 좋다. 그런데 자기 자신이나 이웃들에게 해를 끼치는 즐거움은 올바른 즐거움이 아니다. 요즘 우리 주위에는 잘못된 즐거움 때문에 사회가 어지럽고 개인이 패망하는 경우를 얼마나 많이 보는가?

그리스도 안에서 즐거워하라고 하였다. 나 역시 '하나님은 없다'라고 써 붙였던 죄인의 괴수였다. 하나님을 만나고 보니 주 안에서의 즐거움이 얼마나 복되고 행복한지 모르겠다. 이 쉬운 진리를 왜 믿지 못할까?

이스라엘 백성이 광야를 헤맬 때 불뱀에 물렸다. 모세가 장대에 구리뱀을 매달고 말했다. "누구든지 뱀에 물린 사람은 이 장대의 구리뱀을 쳐다보십시오. 나을 것입니다." 너무 쉽다. 그냥 고개를 들어 바라만 보면 된다. 너무 쉬우니까 사람들은 믿지 않는다. 만약 "뱀에 물린 사람은 산 넘고 물 건너 깊은 산속의 장대에 구리뱀을 매달았는데 그걸 바라보면 장차 나을 것이다" 하면 사람들은 기를 쓰고 갈 것이다.

왜 이렇게 힘들게 믿는가? 루터는 "하나님의 능력과 생각에 내 뜻과 생각을 맞추는 사람은 믿음이 생기고 내 뜻과 생각에 하나님의 생각과 능력을 맞추려 애쓰는 사람은 불신자가 될 수 있다"라고 했다.

전도를 하다 보면 복음을 전하고 또 전해도 믿지 않는 사람이 있다. 너무 쉬우니까 믿지 않는다. 믿음의 확신과 확인은 다르다. 확인하려는 사람에게 이 쉬운 믿음의 진리를 전하여 구원의 열매를 맺는 우리 모두가 되기를 소원한다.

공허하지
않으려면

우리는 과학이 발달하면서 풍요로운 문명의 이기로 편안한 삶을 영위한다. 그러나 주위에서 '외롭다, 불행하다, 희망이 없다, 공허하다, 죽고 싶다' 등 부정적인 표현을 많이 듣게 된다. 우리가 살아 있는 사람이기에 느낄 수 있는 감정이다. 성도들도 이런 감정에 빠지는 경우가 있지만 이는 삶의 목표가 잘못된 방향으로 나갔기 때문이다. 성도는 삶으로 예수 그리스도를 나타내야지 하나님을 이용하여 세속적인 복을 얻으려는 데 목적을 두어서는 안 된다.

어느 날 대리운전 기사의 말을 듣게 되었다. 그는 밤 9시부터 다음날 새벽 5시까지 취객을 대신하여 운전을 해주는데 고객이 사회고위층, 유명인사, 가정주부 등 각계각층이라고 한다. 그런데 몸을 가누지 못하여 뒷좌석에 비스듬히 앉아 분명하지 않은 발음으로 푸념하는데 그 내용이 하나같이 똑같다는 것이다.

'외롭고 공허하고 죽고싶다 등등….' 나는 철학자 파스칼의 말을 떠올렸다. 하나님께서는 우리들 인간의 마음속에 공백을 주셨는데 이 공백은 이 세상의 어떤 피조물로도 메울 수 없고 오직 하나님을 통해서 예수님만 메울 수 있다는 것이다.

사도 요한은 "자녀들아 너희는 하나님께 속하였고 또 그들을 이기었나니 이는 너희 안에 계신 이가 세상에 있는 자보다 크심이라"(요일 4:4)라고 말한다. 요한이 밧모 섬에 유배를 갔을 때 얼마나 외롭고 답답하고 힘이 들었겠는가? 사면이 바다로 둘러싸여 있는 고도에서 밤낮으로 밀려오는 파도가 바위에 부딪혀 흩어지는 것을 보면서 무엇을 생각했을까? 요한이 공허와 좌절로 인한 절망에 빠지지 않고 토굴 속에서 하나님께 부르짖었을 때 하나님은 직접 하늘 문을 여시고 하늘 환상을 보여 주시고 세상에 있는 자보다 하나님이 크시다는 말씀을 주셨다.

'오! 하나님 감사해요. 나 혼자가 아니고 하나님이 나와 함께하시고 나를 지키고 계셨군요. 졸지도 주무시지도 않으시고 우리를 지키시는 하나님을 만난 사도 요한은 외로움과 고통을 물리치고 승리할 수 있었습니다. 외롭고 공허할 때 내가 무엇인가를 행하려 하지 말고 성령이 주시는 직관적인 느낌을 따라 행하기를 바랍니다.'

하나님만 우리를 다시 일으켜 주시는 활력소를 주신다. 내 안에 계시는 주님이 세상의 어떤 이보다 크기에 우리는 능히 이길 수 있다. 이 모양 저 모양의 공허를 이기고 주님이 주시는 평화와 위로를 갖고 승리하며 살아가는 귀한 나날이 되기를 축원한다.

나의
등 뒤에서

성경(왕상 3:16)은 여성 인권이 전혀 존중받지 못하던 고대사회에서 인간 이하의 취급을 당하던 창기가 왕 앞에 서서 말했다고 기록하고 있다. 이 비천한 여인의 신음 소리를 들어주는 솔로몬 왕의 넓은 마음은 주님의 사랑을 가리킨다. 구약에 나오는 인물이나 사건들은 예수 그리스도의 오심을 예표한다. 우리는 예수님의 그 위대한 산상수훈(마 5, 6, 7장)에서 가르치신 말씀과 창기나 세리 등 소외 받는 이들의 아픔을 들어주신 일들을 통해서 "너희들은 이렇게 살아라"라고 지금도 주님이 말씀하심을 깨달아야 한다.

예수님이 산에서 말씀을 마치시고 내려오실 때 처음으로 만난 사람은 그 당시 사람에게 가까이 갈 수 없는 동물보다도 못한 대우를 받던 나병환자였다. 예수님은 그에게 손을 얹고 "내가 원하노니 깨끗함을 받으라"라고 기도해 주셨다. 시편 기자는 '하나님은 가난한 자와 궁핍한 자가 부르짖을 때 들으시고 도와 주신다'(시 72:12)라고 말한다.

내가 잘 아는 분으로 주님을 잘 섬기던 집사님이 견디기 어려운 시련을 당했다. 집사님은 밤새도록 주님께 부르짖어 기도했으나 일은 더 꼬여 갔고 원망과 불평은 그를 하나님에게서 떠나게 했다. 그러나 주님 앞에 다시 나아가 "하나님 제가 무엇을 잘못했습니까?" 하고 부르짖을 때 자신의 등 뒤에 계신 주님의 환상과 함께 "네가 나를 떠났을 때도 나는 너를 바라보고 지켜 주고 있었단다. 지금도 네 등 뒤에서 너를 위로하고 있지 않니. 사랑하는 아들아! 힘과 용기로 다시 일어나라. 내가 너와 함께할 것이다…"라는 음성을 확인하고 그 자리에 엎드려 울부짖으며 감사 기도를 드렸다. 그 새벽에 지은 복음송이 오늘날 큰 위로와 힘을 얻는 "나의 등 뒤에서"이다. '나의 등 뒤에서 나를 도우시는 주 / 나의 인생길에서 지치고 곤하여 / 매일처럼 주저앉고 싶을 때 나를 밀어주시네 / 일어나 걸어라 내가 새 힘을 주리니 / 일어나 너 걸어라 내 너를 도우리…'

견디기 어려운 시련이 오는 것은 주님 앞에 다시 나오라는 신호다. 작은 신음 소리도 들어 주시는 왕이신 예수님께 부르짖고 위로받고 해결받기를 바란다.

지는 것이
이기는 것이다

올해는 져서 이길 수 있는 새로운 한 해의 시작이 되었으면 한다. 열왕기상 3장 16절 이하에는 두 여인이 왕을 찾아와서 '자신들이 한 집에 사는데 삼 일 간격으로 아들을 해산하였고 한 여자가 잠을 자다가 아기 위에서 자는 바람에 아기가 죽게 되자 다른 여인의 산 아기와 바꿔치기를 했다'는 요점의 말을 했다. 이들의 사건은 아무도 본 사람이 없으니 변론해 줄 사람도 없다. 아기는 어리므로 말할 수도 없다. 율법에는 증인이 필요하다고 했다. 요즘이라면 유전자 감식으로 간단히 해결될 문제다.

그때 솔로몬이 칼을 가져와서 아기를 반으로 잘라서 나누어 주라고 말도 되지 않는 판결을 내렸다. 한 여자는 그러면 안 된다며 다른 여자에게 아기를 주라고 한다. 솔로몬은 양보하는 여자가 진짜 어머니라고 지혜로운 판결을 내렸다. 나는 이 재판을 읽으며 많은 것을 깊이 깨닫는다. 지는 것이 이기는 것이다. 오늘날 우리 현실은 국가나 사회는 물론 교회도 가정도 모두 쟁론하는 판국이다. 서로 자기주장이 옳다고 끝까지 싸운다. 양보가 없다. 쟁론의 결론은 아기를 죽이는 것뿐이었다.

교회가 싸우고 쟁론하면서 희생되는 것은 초신자와 잘 믿어 보려고 애쓰는 성도. 쟁론하면서 얻는 것이 무엇인가? 성도는 교회를 떠나고 교회 건물은 팔리게 된다. 서로 이해하고 신뢰하고 남을 나보다 낮게 여기는 것이 주께서 우리에게 가르쳐 주신 것이다. 진정한 엄마라면 아기를 빼앗기더라도 아기를 살리기 위해 내가 지고 양보한다. 주님이 가르쳐 주신 대로 서로가 예리한 대립을 부숴버리고 이해하고 신뢰하고 양보한다면 교회는 바른 진리를 나타낼 것이며, 가정은 평화롭고 행복하게 될 것이다.

주님이 왜 십자가를 지셨을까? 예수님을 잡으러 왔을 때 베드로는 말고의 귀를 잘랐다. 주님은 말고의 귀를 붙여 주시면서 말씀하신다. "내가 힘이 없어서 잡혀가는 것이 아니다. 천군천사를 동원해서 물리칠 수 있지만 십자가를 지려고 하는 것이다." 주님이 십자가를 지심으로 하나님 이름을 높이 올려 주셨다.

자녀들은 부모가 싸우는 모습을 싫어한다. 싸움은 때로 자녀를 가정에서 떠나게 한다. 교회 안에서 싸우는 모습은 어린양과 같은 성도들에게 상처를 안겨 줘 하나님의 영광을 가린다. 교회의 분란은 하나님 뜻을 거스르는 결과를 초래한다. 교회의 싸움은 진리의 싸움이다. 하나님의 진리를 교묘하게 만드는 악한 세력을 분별해 내야 한다. 내 주장으로 이기는 것이 아니라 하나님이 순간순간 지혜를 주셔야 가능하다. 우리가 예수님 모습을 본받을 때 하나님께서 이기게 하신다. 새해를 지는 것으로 시작함으로써 승리하는 삶 되기를 예수님 이름으로 축원한다.

화를
복으로 바꾸다

느헤미야는 바사 왕 아닥사스다 때에 유다 총독으로 12년간 재직했던 사람이다. 그는 이스라엘이 바벨론 포로에서 돌아올 때 예루살렘 성전을 재건하는 일에 참여하면서 이스라엘 역사를 되돌아보게 된다. 회상해 보니 이스라엘이 참으로 많은 화를 당했었다는 사실을 깨닫는다. 전염병으로 많은 백성이 죽었고 또 이웃 나라가 침략하여 피비린내 나는 전쟁을 수없이 겪어야 했고, 집과 밭과 포도원은 파괴되었고 가족은 포로 되어 흩어졌고 온통 파괴뿐이었다. 그러나 하나님은 다시 새로운 복으로 바꿔 주심을 깨닫게 된다.

모세는 참으로 좋지 않은 시절에 태어났다. 요셉을 모르는 바로 왕이 두 살 이하의 남자아이는 모두 죽이라고 명령을 내렸다. 아므람과 요게벳은 준수한 모세를 보면서 무슨 생각을 했을까? 부모의 마음은 늘 마찬가지이다. 어떻게 이 옥동자를 죽일 수 있겠는가. 얼마나 마음이 아팠겠는가. 부부는 우리가 화를 당했다고 탄식만 했을까? 믿음의 부부는 하나님만 의지하고 나일 강으로 내려가서 갈대로 상자를 만들고 그 안에 모세를 넣고 물에 띄운다.

그때 부모는 "하나님 믿습니다. 하나님의 손에 맡깁니다. 우리 아들을 살려 주십시오. 하나님 뜻 안에서 쓰임 받는 아들이 되게 하여 주십시오…" 하고 기도했을 것이다. 정말 애간장을 녹이는 간절한 기도가 아니었겠는가? 그 시간 그 기도를 들으신 하나님은 못 들은 체하셨겠는가? 간절한 기도는 하나님이 일을 하시게 하는 동기가 된다. 하나님은 바로 왕의 공주 하셉수트의 마음을 움직였다. 저녁 식사 후 나일 강가로 산책하고 싶은 마음을 주셨다. 공주가 지나갈 때에 갈대 상자가 떠내려가고 있었다. 모세가 들어 있는 갈대 상자와 만날 수 있는 시간에 정확하게 맞춰 주신 하나님은 하셉수트가 상자를 건지고 싶은 호기심을 주셨다. 아직 결혼하지 않은 여자의 마음에 모성을 주시고 기르고 싶은 마음을 허락하신 하나님이시다. 모세가 물에 띄워진 것은 분명한 화다. 그러나 하나님은 큰 일꾼으로 쓰시기 위하여 모세가 그 물에서 건져져 궁중에서 길러지게 되는 복으로 바꾸어 주셨다.

느헤미야를 묵상하면서 세 가지로 결론을 지어 본다. 첫 번째는 때로 우리가 하나님을 위하여 손해도 보고 희생도 조금 하는 것 같지만 하나님으로 인하여 결코 손해 보게 하는 일은 없게 하시는 하나님이다. 두 번째는 하나님은 우리를 잠깐 놓아주시기는 하지만 영원히 버리지 않으시는 하나님이다. 마지막 세 번째는 우리에게 고통이 있을지라도 이것은 하나님의 본심이 아니고 우리를 연단하시고 새로운 복으로 바꾸어 주시기 위한 하나님의 또 다른 계획이라는 것이다.

오늘도 당하는 모든 화들이 하나님 안에서 복으로 바뀌는 모두가 되기를 바란다.

하나님 나라에
합당한 사람

하늘나라에 합당한 사람은 오늘에 충실한 사람이다. 누가복음 9장 57절 이하를 보면 예수님께서 나를 따르려면 모든 장애를 극복하고 끝까지 헌신하라고 말씀하신다. 한 제자는 먼저 부친을 장사한 후 예수님을 따르게 해 달라고 요청하는데 주님은 냉혹하게 "죽은 자들로 자기의 죽은 자들을 장사하게 하고 너는 가서 하나님의 나라를 전파하라"라고 하신다. 그는 연로하신 부친의 임종을 보고 장례도 치른 후에 주님을 따르겠다는 효자다. 그러나 예수님은 사람의 영혼을 구원하는 일이 제일 긴급하니 가족 관계나 개인적인 관계는 초월해야 한다고 말씀하신다.

오늘날은 영적으로 비상시이다. 비상시에는 언제나 순서에 따라 일이 진행되듯 비상시에 살고 있는 우리들은 영적 구원이 모든 일에 우선 되어야 한다. 지금은 은혜 받을 때요, 구원받을 때이므로 오늘 일을 내일로 미루지 말아야 하나님 나라에 합당한 사람이다.

달력에는 세상 달력과 마귀 달력이 있다. 마귀 달력은 세상 달력과 똑같이 365일인데 모든 것이 다 내일이다. 1월 1일도 내일이고, 3월 1일도 내일, 12월 1일도 내일이다. 마귀는 우리를 이렇게 유혹한다. 자! 회개해야지, 자! 헌금해야지, 전도와 선교도, 봉사도 해야지, 다 좋아 그런데 내일부터 해야지…. 내일 마귀, 다음에 마귀, 차차 마귀도 있다. 많은 사람들이 여기에 속한다. 오늘 일을 내일로 미루지 말고 지금 당장 시작해야 한다.

아는 집사님이 해준 이야기이다. 그는 친한 친구와 자주 만나서 정치 경제 사회 등 세상 돌아가는 이야기만 하다가 헤어지고 나서 후회를 한다. 오늘도 예수님의 십자가 사랑과 보혈, 구원과 영생에 대해 전하지 못했네, 다음에 만나면 꼭 해야지 하고 다짐한다. 그러나 만나면 반가워서 또 주변 이야기만 하다가 헤어지기를 반복했다. 그런데 친구가 외국에 출장을 갔는데 마침 아웅산 테러 사건 현장에 있다가 죽음을 당했다는 것이다. 그는 그 소식을 듣고 달려가서 무릎을 꿇고 울었다고 한다. 세상 이야기는 나중에 하고 친구에게 십자가 보혈과 구원 문제를 먼저 이야기했어야 했는데 다음으로 미루다가 친구를 구원시키지 못했다고 여생을 후회하면서 산다는 것이다.

내일을 알 수 없는 이 마지막이 가까운 비상 시대에 제일 긴급한 일이 무엇인가? 영혼 구원이다. 개인 문제를 생각하면 주님의 일은 할 수 없다. 모든 염려와 근심을 주께 맡기고 먼저 믿은 우리가 할 수 있는 작은 일에 최선을 다할 뿐이다. 가족, 친지 이웃들에게 당장 복음의 손길을 내밀자. 마귀에 속지 말고 오늘 일에 충성하는 하늘나라에 합당한 아름다운 삶을 사는 우리가 되기를 바란다.

인간은 같으나
인생은 다르다

성경에는 두 사람의 사울이 나온다. 구약의 사울은 이스라엘 초대 왕으로서 기름 부음 받은 베냐민 지파로 하나님의 신에 크게 감명도 받았고, 통솔자로서의 좋은 자질도 가졌고, 준수한 외모에 키도 컸고 전쟁도 잘했다. 이름의 뜻처럼 '높다 크다'라고 할 수 있다. 그런데 그 대상이 문제였다. 누구보다도? 하나님보다도! 무슨 의미일까?

교만이다. 교만은 패망의 선봉이라고 했다. 그는 자기 칼에 엎드려 죽었다. 하나님께 버림받은 사람이 된 것이다.

신약의 사울을 보자. 사실 사울은 바울이 되기 전에 대단했다. 유대인인데 로마 시민권을 가졌다. 그당시 로마 시민권만 있으면 일하지 않고도 먹고 살았다고 한다. 부자에, 권력이 있었다. 대석학이다. 참 대단히 높고 큰 자였다. 그는 바리새인 중에서도 매우

철저한 엄격주의자로서 모든 것을 율법으로 판단하고 그의 열심으로 교회를 완전히 파괴시키려는 것이 그의 가치관이었다. 어느 날 대제사장의 공문을 받아들고 기독교인을 잡아들이러 다메섹으로 가는 도중 정오의 태양보다 더 밝은 빛 가운데 나타나신 예수님을 만난다. 그는 고꾸라진다.

육신의 눈이 멀어 버렸다. 그러나 영의 눈이 뜨인다. '저분이 하나님 아들 예수요, 발가벗긴 몸으로 십자가에 못박혀 피 흘려 주심으로 내 죄가 사함을 받고 구원을 받을 수 있었다니… 그런데 내가 저분을 핍박하고 괴롭혔다니… 이럴 수가!' 그는 가슴을 치고 통회한다. 아라비아로 간다. 눈물로 회개한다. 그는 '예수님' 이름만 불러도 눈물이요, '십자가' 생각만 해도 눈물이다. 그가 어떻게 변화되었는가?

그의 가치관은 완전히 변화되었다. 가는 곳마다 교회를 세우고 말씀을 가르치고 하나님 나라를 전파한다. 많은 사람들이 '당신은 성자입니다'라고 칭할 때마다 그는 고개를 떨군다. "아닙니다 저는 죄인의 괴수입니다." 그의 인생은 완전히 변화되었다. 그의 삶 속에서 오직 한 가지 열정은 하나님의 복음을 전파하는 것이었다. 그는 예수 그리스도의 사랑에 자신을

완전히 맡김으로써 하나님의 능력과 거룩함을 드러
내는 삶을 살 수 있었다.

"그리스도의 사랑이 우리를 강권하시는도다"(고후
5:14). 십자가의 사랑을 체험한 사람은 새로운 인생으
로 변화된다.

십자가를 바라보며 날 위해 피 흘려 돌아가신 예수
님의 보혈의 공로로 죄 사함 받은 자, 용서함 받은 자,
구원을 받은 자로서 감격함에 눈물을 흘리는 행복한
계절이 되었으면 좋겠다. 바울처럼 예수 그리스도와
하나 되는 믿음을 소유하고 하나님의 심판과 사랑을
전하는 우리가 되기를 바란다.

나의 짐을
대신 지시는 예수님

예수님은 마태복음 11장 28절에서 "수고하고 무거운 짐 진 자들아 다 내게로 오라 내가 너희를 쉬게 하리라"라는 말씀으로 우리를 초청하신다. 예수님은 우리를 오라고 명령하시면서 안식을 주신다고 약속하신다. 예수님 앞에 나아가면 더 이상 무거운 짐을 지고 살아가도록 하지 않겠다는 뜻이다.

우리는 이 세상에서 나름대로 인생의 짐을 지고 살아간다. 그런데 이 짐이 무거우냐 가벼우냐는 우리의 믿음과 연관되어 있다. 예수님을 영접하고 받은 가장 큰 축복은 믿음으로 살게 된 것이다. 믿음으로 사는 사람은 언제나 만족과 감사가 있다. 이 세상에 사는 동안 영적으로 하나님과 바른 관계를 유지하는 것보다 더 중요한 것은 없다. 따라서 예수님은 "내게로 오라"라고 명령하시고 또한 "내가 너희를 쉬게 하리라"라고 약속하신다. 이는 우리가 그리스도 예수 안에서 온전한 안식을 누리는 삶을 살기 원하시기 때문이다.

지난 6월 일본 후쿠오카 지역 집회 중에 귀한 목사님을 만났다. 이주미 요코 목사님. 그는 불우한 가정에서 태어나서 사랑받지 못하고 천덕꾸러기로 자라면서 늘 죽어야겠다는 생각을 갖고 소년기를 보냈다고 한다.

1945년 8월 6일 오전 8시경 학생 사역 동원령이 내려 학교로 향하던 중 원자폭탄이 떨어졌다. 그때 수십만 명이 6천도나 되는 뜨거운 열에 타 죽어가는 모습을 직접 보게 되었다. 요코 목사님의 당시 이야기인데 그 타는 냄새로 인해서 20년간 생선구이를 못먹었다고 한다. 그는 예민한 소년기에 힘든 일을 겪은 데다 원폭 피해도 받아 더 이상 살 소망을 잃어버렸다.

소년기에 험한 일을 겪다 보니 인생의 무게가 너무 무겁고 감당하기 힘들어 바다에 빠져 죽기로 결심하고 바닷가로 나가 적당한 자리를 찾으려고 왔다 갔다 하는데 갑자기 바람이 불어오더니 종이 하나가 뺨에 딱 달라붙더란다. 무슨 쪽지인가 하고 뺨에서 떼어

보니 전도지였다. 그 내용이 바로 마태복음 11장 28절이었다. 그는 깜짝 놀랐다고 한다. 무거운 짐 때문에 죽으려고 했는데 갑자기 바람이 불었고 웬 쪽지가 그의 얼굴에 달라붙었다. '수고하고 무거운 짐을 다 들어 주시는 분이 있다고?' 요코 목사님은 그 쪽지를 읽고 스스로 교회를 찾아가 신앙생활을 시작하게 되었고 현재 목사가 되어 많은 영혼을 구원하는 사역으로 크게 쓰임 받고 있다.

"사랑하는 여러분은 어떤 짐을 지고 가는가?"

나머지 아홉은
어디 있는가

예수님께서 갈릴리에서 예루살렘으로 올라가실 때에 열 명의 나환자를 만났다. 이 열 명 중 아홉 명은 유대인이고 나머지 한 명은 사마리아인이었다. 당시 유대인은 사마리아인을 저주받은 자로 생각하고 사람으로 대하지 않고 상종하지 않았다. 그러나 같은 나환자의 처지가 되다 보니까 함께 어울려 살았던 것 같다.

마침 예수님이 사마리아를 지나가신다는 소문을 들은 나환자들은 마을 사람들과 접촉할 수 없기 때문에 멀리 서서 "예수 선생님이여 우리를 불쌍히 여기소서"라고 소리친다. 그들은 예수님과 멀리 떨어져 있어서 들리지 않을 것 같아 한 마음으로, 한 믿음으로 하나가 되어서 소리를 높였다. 예수님은 그들을 불쌍히 여기시고 "가서 제사장들에게 너희 몸을 보이라"라고 말씀하신다. 그때는 제사장이 인정해야 나병에서 해방되었다는 인증서를 받을 수 있었다. 즉 나병이 고침 받았다는 뜻이다. 그런데 고침 받은 열 명 중에 아홉의 유대인은 모두 자기 갈 길로 가버리고, 오직 사마리아인 한 명만 하나님께 영광 돌리고 예수님께 돌아와 발아래 엎드려 감사하였다. 성경에서 예수님은 나머지 아홉은 어디 있느냐고 찾으신다. 찾아오지 않은 것이 섭섭해서가 아니라 육신의 병은 고침 받았으나 은혜를 받지 못한 그 믿음 없음을 불쌍히 여기셨다.

우리에게 많은 생각과 교훈을 주는 말씀이다. 나머지 아홉을 찾으시는 예수님의 음성에 귀를 기울여야 할 사람이 너무도 많은 우리 현실이다.

11월은 추수감사절이 있는 감사의 달이다. 영국 왕 제임스 1세가 기독교를 핍박하여 사람들은 종교의 자유를 찾아 1620년 9월 16일 암스테르담을 출발하여 생명을 건 두 달에 걸친 항해 끝에 미국 플리머스에 상륙했다. 이들은 옥수수와 감자로 한 해를 지내게 하시고 여기까지 인도하신 하나님 은혜에 감사하여 예배를 드렸다.

이것이 추수감사절의 기원이다. 황금을 찾아 멕시코로 갔던 사람들은 황금도 얻지 못하고 구원도 받지 못했다. 그러나 믿음을 찾아 떠났던 기독교인들은 황금도 얻고 구원도 받았다. 우리는 이 나환자 아홉에 속할까? 감사한 한 명에 속할까? 이 시간 우리는 믿음의 소속을 분명히 깨닫고 잃었던 감사를 회복하는 복된 감사절이 되었으면 한다.

얍복 강을
건너자

하나님의 사자는 '속임수, 사기꾼'이라는 의미를 가진 야곱을 '승리자, 하나님과 싸워서 이겼다'라는 뜻의 이스라엘로 바꿔 주시고 새로운 축복의 길을 열어 주셨다. 야곱은 형 에서는 물론이고 아버지 이삭까지 속이고 외삼촌 라반의 집으로 피신했다가 고향으로 돌아가려 했다. 에서가 자기를 만나러 온다는 소식을 듣고 야곱은 몹시 두려웠다. 그는 형의 마음을 얻고자 후한 예물을 먼저 보냈지만 안심이 되지 않아 모든 재산과 가족들을 앞서 보내고 홀로 하나님 앞에 선다. 지금까지 도망의 명수였던 야곱은 원래의 자리, 즉 영적인 위치로 다시 돌아가기 위해 자존심과 재물을 포기한다. 이것이 야곱의 위대함이다.

우리들은 가족, 생업, 세상일로 경쟁 사회에서 뛰다 보면 자신을 돌아볼 여유가 없다. 야곱도 물질과 여자 문제로 20년이라는 긴 세월을 종노릇으로 허송

하다가 이제 막 자유인이 되었는데 예기치 않은 한 사람이 덤벼드는 바람에 심한 몸싸움을 한다. 우리는 위골이 되도록 끝까지 버티는 야곱을 본다. 야곱은 그대로의 모습으로는 강을 건널 수 없기 때문에 새 삶의 전환점에서, 즉 새날의 축복을 위하여 더욱 매달려 싸운 것이다. 하나님을 의지하지 않고 인간적으로 산 방법이 부려졌다. "…너희의 죄가 주홍 같을지라도 눈과 같이 희어질 것이요 진홍같이 붉을지라도 양털같이 희게 되리라"(사 1:18)라고 말씀하신 하나님 앞에 그는 자신의 추하고 탐욕스럽고 교활했던 모습을 숨김없이 자복한다. 하나님이 붙들려고 하실 때마다, 주장하려고 하실 때마다, 어떤 결단을 요구하실 때마다 언제나 인간적인 방법으로 빠져나간 야곱, 벧엘에서 하나님과 만나는 영광된 경험을 하고도 20년 동안 하나도 변하지 않은 야곱, 목적을 위해서라면 수단과 방법을 가리지 않는 인간적인 술수, 얄팍한 계산, 자존심과 고집을 버리려고 하지 않는 야곱이 바로 우리의 모습이다.

우리는 어려움을 당할 때 '하나님, 이번 어려움만 면하게 해주시면 어떤 일이 있어도 믿음으로 살겠습니다' 하며 손이 발이 되도록 빈다. 그러나 그 어려움이 해결되면 언제 그런 기도를 드렸느냐는 듯이 원래 자신의 모습으로 돌아간다. 우리는 하나님을 믿는다고 하면서도 내 생각이나 논리를 절대로 버리지 않다가 하나님 도움 없이는 도저히 벗어날 수 없을 때 비로소 자신의 연약한 부분을 내어 놓는다.

얍복 강을 건너기 전의 야곱처럼 우리는 한해의 정점에 있다. 새해를 맞기 위해 심령이 정결해져야 한다. "하나님이여 내 속에 정한 마음을 창조하시고 내 안에 정직한 영을 새롭게 하소서"(시 51:10). 다윗과 같이 통회하는 회개를 통하여 우리도 이스라엘로 변화받아 새해에도 하나님의 복을 받는 자들이 다 되기를 바란다.

믿음의 결단을
다시 다짐하며

"우리가 선을 행하되 낙심하지 말지니 포기하지 아니하면 때가 이르매 거두리라"(갈 6:9).

우리는 송구영신 예배 때 우리의 생각과 마음과 믿음을 정돈해서 새해에는 더욱 하나님께 가까이 나아가겠다고 결단하였다. 또한 새해 아침에 올해는 가정예배도 드리고 전도도 많이 하고 교회에서는 열심히 봉사해야겠다고 약속하였다. 이제 2월을 맞으며 우리는 정초의 다짐과 약속을 지키고 있는가. 믿음이 떨어졌는가? 가정예배가 중단되었는가? 전도는 시작도 못 했는가? 약속을 지킬 수 없는 여건이 자꾸 생기는가? 세상 속에 사는 우리는 예측할 수 없이 많은 일들을 만나게 되며 우리의 믿음생활은 흔들리게 된다. 특히 불우한 이웃을 돕던 분들이나 좋은 일을 하려고 애쓰는 분들은 더욱 낙심될 때가 많다.

열심히 살던 부부가 큰 화재로 모든 가산을 잃었

다. 하나님을 섬기는 우리에게 왜 이런 시련이 올까? 실의에 빠진 부부는 상한 마음을 달래보려고 바닷가로 산책을 나갔다. 넓은 하늘에는 기러기 떼만 날아가고 있었다. 기러기 떼를 바라보던 부인이 "기러기들이 글자를 쓰며 날아가네요"라고 말하자, 남편은 "무슨 소리… 설마?" 하면서 하늘을 바라보니 정말 기러기들이 'V'자를 그리며 날아가고 있었다.

부부는 기러기 떼를 보면서 믿음의 지혜를 얻었다. 기러기들은 서로 짝을 지어서 날아가는데, 이는 70퍼센트의 에너지를 서로에게 전해 주기 때문이란다. 그렇기 때문에 장거리를 날아갈 수 있다. 서로에게 힘이 되어 주기 위해 'V'자를 그리며 날아가는데 'V'는 무엇을 뜻하는가? 승리다! 빅토리! 그 후 부부는 비록 모든 것을 잃었지만 우리도 저 기러기들처럼 서로 기도하며 서로 위로하며 'V'자를 그리며 다시 시작하자고 다짐하며 예수님을 의지하고 승리의 생활을 한다는 간증을 들었다.

우리의 믿음이 약해지고 세상일로 힘이 들 때 기러기들을 통해서 교훈을 배우자. 기러기들이 서로 힘을 주면서 'V'를 그리며 날아가는 것처럼 우리도 서

로 기도하고 서로 말씀을 공급받으면서 상대방에게
능력의 힘을 공급해 주면서 나아가자. 우리는 예수님
안에서 승리할 수 있다. 'V'를 그리며 날아갈 수 있다.

어떤 상황에서든 서로 위로하고 서로 돕고 서로 격
려하면서 예수님을 모시고 성령 충만하여 승리하는
삶을 사는 모두가 되셨으면 한다.

미스터 헬렌 켈러,
만홍아완(晩紅雅完)하세요!

시각 장애인이면서 사회를 위해 많은 일을 하였고, 그로써 이름이 널리 알려진 대표적 인물로 헬렌 켈러가 있다. 헬렌 켈러는 19세기와 20세기에 활동하였는데, 안 목사님이 20세기와 21세기에 그와 같은 길을 걸어가고 있다.

헬렌 켈러는 그의 조국 미국에서뿐만 아니라 국제적으로 활동하였다. 안요한 목사님의 사역도 세계를 무대로 하고 있다. 안 목사님은 지금까지 110여 개국에서 12,000여 회를 간증했다. 특히 20여 년 전부터는 해외 저개발국 여러 나라에 교회, 맹인센터를 세워 그 나라의 낮은 곳에 있는 시각 장애 형제와 자매들을 직접 섬기고 있다. 과연 '미스터 헬렌 켈러'라고 부를 만하다.

안요한 목사님은 한국 교회의 특수선교, 특히 시각 장애인 선교를 개척하고 선두에서 이끌어 왔다. 그가 새빛맹인선교회를 설립하고 사역을 시작한 1970년대만 하더라도 한국 교회는 이런 일에 거의 눈을 돌리지 못하고 있었다.

40여 성상, 가시밭길을 걸어온 그의 사역은 이제 많이 창대해졌다. 새빛맹인선교회 안에는 서울의 새빛맹인교회와 용인의 새빛요한교회가 있고, 특별히 세계 도처에서 수고하고 계시는 선교사님들이 한국에 오셔서 쉬시면서 건강을 회복할 수 있는 쉼터로 새빛선교회관을 운영하고 있다. 보건복지부의 감독을 받는 사회복지법인 새빛복지재단에는 새빛맹인재활원, 새빛낮은예술단(서울시 지정 전문 예술 단체), 시각 장애인의 신앙과 교양지인 점자새빛, 용인의 새빛요한의집이 속해 있다. 그리고 외교통상부의 감독을 받는 사단법인 새빛은 미얀마, 네팔, 인도네시아, 스리랑카, 인도, 중국, 태국 등 7개국에 시각 장애인을 위한 시설을 운영하고 있다.

우리나라 선교 단체들 가운데, 특히 장애인 사역을 하는 단체 가운데 이만한 규모를 갖추고 일하는 단체는 많지 않을 것이다.

나는 그 가운데 특히 해외 사역을 보며 감동받고 있다. 한국 선교 역사상 시각 장애인이 이렇게 국제적으로 사역하는 사례를 알지 못하고 있기 때문이다.

안 목사님의 회심과 초기 사역은 이청준 선생이 쓴 《낮은 데로 임하소서》로 널리 알려졌다. 1981년에 나온 이 책은 영화로 제작되어 지금까지 많은 사람들에게 감동을 주고 있고, 책도 스테디셀러로 판(版)과 쇄(刷)를 거듭하고 있다.

안 목사님의 중기 사역은 안 목사님이 직접 쓴 《낮은 데로 임하소서, 그 이후》에 잘 담겨 있다. 뒤를 이어 이번에 칼럼을 펴낸다. 제목과 글의 성격은 다르지만 《낮은 데로 임하소서》 시리즈의 하나로 독자들에게 변함없는 감동을 주리라 확신한다.

안요한 목사님이 지금도 왕성하게 일하는 것을 보면서 늘 하나님께서 안요한 목사님을 귀하게 사용하고 있는 증거 가운데 하나라는 확신을 갖게 된다. 책 출간을 축하하며 '만홍아완(晚紅雅完)'이라는 말을 만들어 선물로 드리고 싶다. '만홍아완'은 '늦게까지 붉게 타올라 아름답게 완성하세요'라는 뜻이다.

"미스터 헬렌 켈러, 만홍아완하세요!"

2020년 1월
유관지
(용산감리교회 원로 목사, 북한교회연구원 원장)

육신의 눈을 잃고
영안(靈眼)을 얻은 친구

중도 시각 장애인 안요한 목사의 얼굴에는 인자한 평화로운 풍모가 있다. 나는 그의 칼럼을 묶기 위해 최근 몇 차례 그와 마주앉았다. 그의 얼굴을 바라보며 이야기를 나눌 때, 그가 어린 시절 고단했던 삶을 보냈던 예전 이야기들을 들을 수 있었다. 시골 개척교회를 전전하시던 부모님을 따라다니며, 가난의 어려움 속에 이를 극복하지 못해 반발하던 청소년 시절의 이야기들이다. 그의 이야기를 듣다가 나는 울컥 넘어오는 울음을 자제할 수 없었다. 나 또한 목사이셨던 아버지를 두었던 동병상련의 정서였을까. 아니다. 그보다는 예수님의 대속(代贖)하신 십자가 앞에 꿇어앉는 고해(告解)의 눈물이 아니었을까.

나는 요한이 실명하기 전에 본 세상, 아름다운 자연과 가족과 이웃들의 얼굴을 얼마나 기억하고 있는지를 물어보려고 했지만 차마 묻지 못했다. 눈으로 보던 세상의 아픈 기억을 되묻는 것 같은 생각에서였다. 나는 그가 하나님과 언약하며 영적인 미션을 전하는 선지자의 행보를 하는 것에 감사할 뿐이다.

요한은 실명한 다음, 이청준 작가의 소설과 이장호 감

독의 영화로 세계 곳곳의 사람들에게 회자(膾炙)된 이 시대의 목회자가 되었다. 이는 하나님께서 안요한 목사를 통해 성령의 사역(使役)하심을 보여 주는 기적의 표상(表象)이 된 것이다.

내가 인간 안요한을 만난 것은 우리가 20대 청년 시절이었다. 우리는 개신교계에서 지원하는 한 기숙사에서 만났다. 용산구 청파동 기숙사 시절은 청운의 꿈을 안고 상경한 대학생들이 자기 능력을 계발하며 지내던 때였다. 나는 그곳에서 2년여를 요한과 친분을 맺고 우정을 나눌 수 있었다.

그런 시절이 지나고 우리는 한동안 서로 소식을 모른 채 지냈다. 그 후 각자 군에 복무하고 직장을 얻어 결혼도 하는 의젓한 사회인이 되었다. 그런 가운데 요한이 실명했다는 소문은 차마 믿을 수 없었다. 그러나 그의 실명은 사실이었고 현실이었다.

그는 시각 장애인으로 여전히 몸의 불편을 갖고 활동하고 있다. 그러나 육신의 눈을 잃고 영안(靈眼)을 얻었다. 지칠 줄 모르는 건강으로 세계 방방곡곡을 찾아가는 그의 선교 여행을 보면서 나는 큰 감동을 받는다.

이번 안요한 목사의 칼럼집 《또 하나의 눈》을 발간하며 실명 전 삶과 실명 후 영성의 삶이 극명하게 대비되는 삶의 칼럼들을 읽을 수 있었다. 남은 생애에 맡겨진 사명을 더욱 힘차게 이룩해 주실 것을 믿는다.

2020년 겨울
친구 박이도

시간의숲은 당신의 시간 속에 자라는 지혜의 나무입니다.

안요한 목사 칼럼
또 하나의 눈

초판 1쇄 발행 2020년 3월 2일

지은이 안요한
펴낸이 임영주
펴낸곳 시간의 숲
주소 경기도 성남시 분당구 서현로 216, 707호(서현동, 오벨리스크)
전화 070-4141-8267
팩스 070-4215-0111
전자우편 book-forest@naver.com
홈페이지 www.sigansoop.com
인스타그램 instagram.com/sigansoop
페이스북 facebook.com/sigansoop
등록 제2016-000001호(2016년 1월 4일)

ISBN 979-11-957491-9-5 03230
정가 11,000원

• 이 도서의 국립중앙도서관 출판예정도서목록(CIP)은 서지정보유통지원시스템
홈페이지(http://seoji.nl.go.kr)와 국가자료공동목록시스템(http://www.nl.go.kr/
kolisnet)에서 이용하실 수 있습니다.(CIP제어번호:CIP2020003197)